本丛书由上海市教育委员会
上海高校马克思主义学院内涵提升建设项目资助出版

知識與正覺

金岳霖知識論問題研究

苗磊 / 著

 上海社会科学院出版社

引　言

金岳霖是中国现代哲学史上的著名哲学家，他的《知识论》是真正可以称得上体大思精的著作，代表了中国现代分析哲学的最高水平。

金岳霖的学生、著名哲学家冯契认为，金岳霖《知识论》的中心思想可以概括为一句话："以得自现实之道还治现实。"他说：

> 我用这句话概括了他的知识论思想，其基本点是：从对象方面说，就是本然的现实化为自然，自然的所与化为事实；从主体方面说，就是主体有意识：知觉到一件件的事实，理解了一条条现实固有的理和规律；而综合起来说，这个主客交互作用的程序就是知识经验。所以，金先生的知识论的中心思想，可以用"以得自现实之道还治现实"来概括。①

"本然的现实化为自然"就是本然与自然内外一体，自然是本然的外化。"自然的所与化为事实"就是人以事实的方式接受自然。从人来说，通过对事实的认识达到对自然的理解，事实中蕴含着理和规律，对事实的认识要达到，且凝结，并表现为理和规律的把握。对部分事实的认识把握部分的理，这一部分、那一部分的理不断累积深化，演化成以理为形态的知识系统。知识系统一旦形成、稳固并有序演进，人们就可以通过对知识系统的掌握来达到对知识的历史接受以及现实运用，所谓现实运用即可用所掌握的知识去

① 冯契：《认识自己与认识世界》，华东师范大学出版社 1997 年版，第 35 页。

认识事实，理解自然。

冯契把金岳霖知识论所要解决的问题归纳为两个：“感觉如何把握客观事实”和“普遍必然的知识何以可能”。按照金岳霖自己的说法，《知识论》则可以展开为“正觉”的历程，他说：

> 这一整本书可以说是正觉底分析，不过开头注重正，现在注重觉而已。说知识有进步，简单地说，就是不同的正觉有增加；说真理得不到，也就是说，知识老有进步，不同的正觉老有增加。本书可以说是始于正觉，终于正觉。[①]

从《知识论》的理论安排看，是从“正”到“觉”。从第一章到第五章是辨“正”，从第六章到第十七章是谈“觉”。正觉的历程也可看做是知识的产生和应用的历程。

“正”的问题是在与“非正觉”对立的语境中展开的，主要讨论知识的材料以及感觉如何收容和应付材料。具体表现为知识论以何种立场为出发点，知识的材料是什么，外物的存在与否、存在方式如何，以及我们如何知道外物的存在，直接抑或间接，感觉内容和感觉对象、呈现和外物的关系如何等。用金岳霖的话说，这些都是对“物”的一方面的讨论，所谓“物”的一方面也即不涉及思想问题，而是感觉和外在世界之间发生的问题，在这一方面它当然严格遵循自然律。

在官觉范围内对感觉与外物关系的考察形成的是认识，而在知识论中，知识不是认识，认识也非知识，认识是在“意象”层面上谈感觉和外物的关系，而知识是在“意念”层面上谈思想和外物的关系。知识是得自所与并以真命题为结构的意念图案，能够引一整套意念图案于所与就叫作有知识，运用知识把握外在世界就是“以得自所与的意念还治所与”，这就有“觉”。[②] 知

① 金岳霖：《知识论》，商务印书馆 1996 年版，第 952—953 页。

② 金岳霖：《知识论》，商务印书馆 1996 年版，第 470 页。

识本身是静态的意念结构,"觉"是把知识这套意念结构"套"到眼前这个外物或者外在世界而得以产生的,所以在这个意义上,知识的进步实际上就是正觉的增加。在谈"觉"这一部分时就是谈如何形成真命题的意念结构,具体涉及概念、归纳、因果、真假等问题。

从整体来看,金岳霖《知识论》这种理论安排的内在逻辑既展开为"知识从无到有",又展开为"从得自所与到还治所与"的发展过程。具体来看,知识论的逻辑结构表现为从正觉的经验活动中获得知识,再用知识来把握外在世界,达到正觉的扩展。正是在这个意义上,本书以知识和正觉的关系作为线索切入。

冯契的"智慧说"提出转识成智——从知识上升到智慧,这里有一个形而上的提升。与智慧说相比,金岳霖不讲向上提升,而讲知识的进步就是正觉的增加,知识既不停在抽象命题上,也不试图去说"不可说"[①],而是化入正觉,扩充正觉。正觉面向的是整个形而下的外在世界,用知识为扩充的正觉来把握外在世界就是还治所与。譬如矿物学家看到石头,他觉得石头里面有矿,至于之后再利用专业设备勘察果然有矿则与正觉的还治不相干,矿物学家对石头有矿的觉就是这种具有知识内涵的正觉,也即在"正觉→知识→正觉……"演化过程中作为拥有一定知识的正觉,而非作为立场和出发点不包含知识的正觉。作为立场和出发点的正觉,只是对"石头是石头"的把握,并不能觉其有矿,此即意象与意念的差别。

如以上所论仍在人类视域中而言,那么金岳霖所言的正觉则是超越于人这个类的,他说:"即令人类没有正觉,只要别的官能类有正觉,依然'有正觉'."所以,知识所积累而成的正觉是不限制在人这个类上的"正觉",而不同类的正觉本身亦可以通过知识来转化。在这个意义上,人利用仿生学原理制造仪器扩充对外在世界的觉知即对这种说法提供了一种支持。这类事例在感觉领域表现尤为突出,譬如研究蝙蝠利用回声(声波)定位发明雷达,

① 金岳霖只是不在《知识论》中说"不可说",从他整个的思想来看,他有思考"不可说"如何说的问题。

研究蛙眼构造发明电子蛙眼，研究苍蝇复眼发明航空照相机，等等。在这个意义上，知识的进步包括从不同类的正觉所形成的对事实的认识。

就研究的方法来说，本书主要运用分析的方法，这很大程度上是由《知识论》本身的方法论所决定的，金岳霖立足于日常事实的哲学分析态度贯穿于《知识论》全书。另外，他在知识论中也引入本体论的讨论，这就要求我们在作分析的同时，能够兼顾知识论与本体论概念之间的“通”。

目　　录

第二部分　思想与外物(还治所与)

第一部分
感觉与外物(得自所与)

第一章　思想背景

第一节　知识论研究的问题

知识论作为分析哲学的一个重要领域，主要以知识为研究对象，认知的各种理论问题为焦点，既涉及自柏拉图时代就开始追问的"什么是知识"的问题，也包括怀疑论问题，认知理论模型的推理与辩护问题，以及对"何为真"的追问。从这一方面来看，知识论本身也就是认识论。但与认识论所涉及更广的范围不同，知识论主要是以"知识"为核心而展开；从概念考察上来看，知识论既可以是"the theory of knowledge"，也可以是"epistemology"。① 但金岳霖认为"知识论不是认识论"，对此他的解释是：

> 常识上我们的确说这样的话："我不认识某某"，或者"我知道有某某而不认识他"。我们不认识的人，何以知道其有呢？即在常识我们也承认知识不必亲知，而认识总是亲认。我们也许知道万有引力，决不至于认识它。常识既有这样的用法，我们不必更改。但是，照此用法，认识是类似具体的，特殊的，不是抽象的，普遍的；它不能表示本书底题材，本书的主旨实在是要表示我们从官能中收容普遍的与抽象的以为应付所与或环境底用处。这样的程序及由此程序之所得，我们只能以

---

① "epistemology"相对于"the theory of knowledge"更能真切地传达出知识论研究的传统与本性。从词源学上来看，"epistemology"由希腊文"episteme"和"logos"演变而来，"episteme"一般可以翻译为"知识"，"logos"一般可以翻译为"逻辑"或"理性"，合起来知识论（epistemology）的意思就是关于知识的本性或知识的逻辑的研究。

知识两字表示，不能以认识两字去表示。①

如何来理解这段话？譬如一个人看乐谱就能哼出来并知道是巴赫的《小夜曲》，这就是有知识，在这个意义上可以说他具有乐谱的知识、古典音乐的知识。认识是通过"听"认出这是巴赫的《小夜曲》，但未必要"有知识"，而且还不一定要"懂"音乐，只需要记忆就能完成，譬如我可能在电台上听到介绍这是巴赫的《小夜曲》，于是对它有了记忆，再听到时就认出来了。金岳霖关于"知识不是认识、知识论非认识论"的这种观点有其时代性及理论背景，这一点从哈贝马斯的相关讨论中可以得到启发：

> 实证主义标志着认识论的结束，代替认识论的是知识学。提出可能认识的条件这个先验逻辑问题，目的是解释整个认识的意义。实证主义否认这个问题；在它看来，这个问题由于有了现代科学这一事实，已经成了毫无意义的问题。从内容上讲，认识是由知识的成功决定的。因此，提出可能认识的条件的先验问题，只能以方法论的形式对知识学的建立规则和检验规则提出问题才有意义。②

在哈贝马斯看来，传统认识论对认识活动的研究过于依赖主体的综合判断、主体活动的历史等以主体为条件而构成的认识，而现代知识论放弃了对于主体的过分关注，转向"作为命题和处理问题的方法体系，也可以说作为理论赖以建立和检验的全部规则的诸种科学上"。③ 正是受这种实证主义知识论观念的影响，金岳霖的知识论从一开始就定位"我可以忘记我是人"，从反对"人类中心论"到要求达到超越于人类的理，更专注于知识的方法论研究。我们看到，一方面实证主义借助于科学破除了知识论研究中的先验

① 金岳霖：《知识论》，商务印书馆 1996 年版，第 240—241 页。
② 哈贝马斯：《认识与兴趣》，学林出版社 2002 年版，第 66 页。
③ 哈贝马斯：《认识与兴趣》，学林出版社 2002 年版，第 67 页。

成分，举起反形而上学的大旗，把知识限制在科学范围内、规律范围内。在这一点上金岳霖也受到很大影响，他把自然律看作是知识讨论的一条基本规律，在《知识论》中自然律就像朴素实在论一样是基本出发点和立场；但不同于仅作为立场和出发点的朴素实在论，自然律还是秩序，是正觉的秩序、所与的秩序、事实的秩序，因而它同时又是规范，而不仅仅是立场和出发点。

对这一观念的批判性反思可以建立在波兰尼和哈贝马斯相关理论之上，波兰尼关注“知识的个体性”，哈贝马斯关注“认识的兴趣基础”。“波兰尼严格地区分了原创性的科学研究和科学的日常工作。他认为不存在规定科学研究活动的工作手册。科学研究和其他高级的技艺一样，其规则属于模糊规则的范畴，它们只能体现在科学研究的实践中，而不能像常规的操作活动那么编码化。作为一种技艺，科学研究不能化约为一套明确的规则，科学研究的规则在实践中的应用，最终取决于科学家个体的判断力，这一点无论是对科学发现，还是对发现的证实和证伪，都是有效的。”[①]而在金岳霖的《知识论》中，类、类观远远比个体、个体的观重要，类观是客观性的基本内涵，而且类是不限制于人类的类，是普遍意义上而言的类。虽然金岳霖借助主体间性的概念来界定类观，但其本质上是官觉者符合其官觉类的要求，而官觉类之不同也是自然律内的不同，也都必须根据自然律，因而客观的诉求最终还要追溯到符合自然律的要求，人在自然律面前只是遵守规定的一类而已，而这种脱离了人之知识的理之诉求正是波兰尼所批判的。不同于波兰尼提出的“个体的知识论”，哈贝马斯则指出“兴趣作为认识的基础”来批评“事实的反映论”，哈贝马斯说：

> 以方法论为基石的认识论忽视可能的经验对象的形成；同样，脱离了先验反思的形式科学，则忽视符合联系规则的形成。用康德的话说，它们都否认认识者的主体的综合成就。由于实证主义的观点掩盖了世界形成这个问题，所以认识本身（严格意义上的认识）的内涵和意义就

① 郁振华：“克服客观主义——波兰尼的个体知识论”，《自然辩证法通讯》2002 年第一期。

> 成了非理性的。这样,认识只是描述现实这种幼稚的观念,就成了占统治地位的观念。事实的反映论就是与这种观念相一致的论点,按照事实的反映论,陈述和事实这两种可以明确转换的对应的东西,必须被理解为结构相同的东西。这种客观主义时至今日仍然是随着孔德的实证主义而出现的知识学的特征。探讨"事实"的内涵和意义的实证主义问题——事实的联系可以用理论命题来描述——代替了探讨认识的内涵和意义的先验逻辑问题。恩斯特·马赫把这个问题推向极端,并且在要素说的基础上发展了知识学。要素说是从根本上来说明事实的真实性。……实证主义持续地排挤旧传统,有效地垄断科学(知识)的自我理解,其结果是,自从黑格尔和马克思使认识批判自我扬弃以来,客观主义的假象就不再通过求助于康德,而只能从内部通过研究认识批判自身的问题和必须进行的自我反思的方法论来冲破。客观主义为科学虚构出某种合乎规律的和结构化的自在事实,从而掩盖这种事实的从前的形成过程。这种客观主义,不再能有效地从外部,即从再现认识论的立场出发,而只能通过超越了自身的局限性的那种方法论来克服。①

相对于哈贝马斯强调兴趣作为认识的基础,金岳霖对于知识论的态度是"我可以忘记我是人"。虽然西方实证主义是针对科学知识的理说的,而金岳霖这里是针对知识的理说的,但两者的态度本质上是一致的。因此,在这个意义上,我们认为金岳霖的知识论仍在实证主义知识论的框架中,以方法论为导向,并不看重知识形成过程中的个体性要素。显然实证主义不甘心把科学研究只看作"站在事实反映论的立场上以描述完成对事实的转换"这么干瘪古板的事情,为此它把历史哲学的内涵赋予科学知识,从而走向了唯科学论:

---

① 哈贝马斯:《认识与兴趣》,学林出版社 2002 年版,第 68—69 页。

我所谈的是人对外部世界的实际影响；这种影响的逐步发展无疑构成了社会进步的主要方面；甚至可以说，没有这种发展，社会的整个进化是不可能的……人类的政治、道德以及智力的进步同人类物质生活的进步是绝对分不开的……因此，人对自然界的影响主要取决于他在无机现象的真正规律中获得的知识，尽管生物哲学在这方面并没有什么影响……例如物理学……尤其是化学（成了）人类力量的真正基础……天文学虽然也发挥过决定性的作用，但由于它所作的贡献只是通过必要的预测，因而并没有引起周围环境的直接变化。①

哈贝马斯指出了实证主义此举的真正意图：

因为实证主义取消了认识的哲学概念，所以，假若不是实证主义赋予科学（知识）以历史哲学的含义，科学的含义就成了非理性的。从现在起，科技进步的现象就具有一种突出的意义。从历史哲学的角度对经验的联系进行的研究，即既分析现代的研究史，又分析制度化了的科学进步的社会成果，代替了认识者的主体对自身的反思。一旦人们通过现代科学的例子认定认识是够用的，那他就不会从可能的，先前作过反思的认识的视野中来理解科学。这样，人们也就只能依据现代研究的形成过程和使生活联系革命化的实际研究的社会功能来说明科学的意义。②

但哈贝马斯同时指出这种调和历史哲学与科学主义的做法并不能自洽：

实证主义最初是以新的历史哲学形式出现的。这是自相矛盾的。

① 哈贝马斯：《认识与兴趣》，学林出版社2002年版，第70页。
② 哈贝马斯：《认识与兴趣》，学林出版社2002年版，第69—70页。

因为实证主义学说的科学主义内涵，很明显，与实证主义最初赖以产生的历史哲学的形式是不相容的；因为在它看来，合法的认识只有在经验科学的体系中才是可能的。①

虽然没遇到像实证主义（孔德和马赫）所面临的科学主义与历史哲学的分裂，但金岳霖同样面临着理性与经验相调和的问题，正如实证主义取消了知识先验范畴的合法性。而赋予历史哲学的内涵，金岳霖则给予概念范畴以双重界定，一方面有共相的根据，另一方面是来自个体：

一部分治科学的人似乎因为他们注重假设、推论、算学公式等等，而忽略这些“东西”之所能致用的根源。……它们之所能致用的根源之一就是已经发现的普遍的真命题。这些命题之所表示的就是共相与共相之间的现实的关联。②

有时非常之“显明”，有时非常之“隐晦”，但无论如何，它总是潜寓于个体界，各种科学所要发现的都是一部分或一方面的共相底关联。任何原则，任何自然律，任何表示事实的普遍命题，都是说共相界有某种某种关联。我们对于共相底关联所得的知识，一方面由个体归纳而来，另一方面又以之范畴个体。③

但是，金岳霖所说共相的现实的关联离不开个体，实质上是离不开个体的官觉经验，这个过程也就是“以经验之所得还治经验”的过程，而不是波兰尼讲的个体的闪烁着智慧火花的原创性科学研究。当然我们说科学研究主要是以理验事，而知识论的工作主要是从事中求理，建立一套知识的方法论，知识论的对象不是科学知识，也不是求科学知识的理的活动。但是两者在以方法论为内涵的客观知识观念上却是一致的，只不过前者认为

① 哈贝马斯：《认识与兴趣》，学林出版社 2002 年版，第 69 页。
② 金岳霖：《论道》，中国人民大学出版社 2006 年版，第 80 页。
③ 金岳霖：《论道》，中国人民大学出版社 2006 年版，第 68 页。

科学研究依赖于方法论的客观知识，而后者则致力于建立客观知识的方法论。

从具体的研究内容来看，路易斯·P. 波伊曼(Louis P. Pojman)认为知识论就是“认知科学——探究知识的本性和信念的证成”[①]，徐向东认为知识论的主要问题是“怀疑论问题以及经验与实在的关系问题”[②]，金岳霖认为知识论“主旨是理解知识”，“对象是知识底理”。可见虽然关注的重点不同，但都是以知识为核心的认知理论研究。《知识论》一书也是围绕着知识的材料、概念、结构，认知的过程、方法及真假问题为核心而展开的。

知识论关注知识，单问知识何为，可以追溯到柏拉图的时代，“美诺悖论”是追问如何知道知识的一个经典案例。近代概念化的知识论研究则可以追溯到康德，康德的《纯粹理性批判》可以看作是一部知识论，但这部著作与现代知识论研究范式不同，现代知识论的研究不再完全依赖于概念之间的逻辑辩驳以及以人为自然立法的态度建构对于世界的知识，而是依托不断进步的科学的深入研究而拓展对于世界的认识。金岳霖的《知识论》属于现代知识论传统，他对于许多概念的理解吸收了自然科学的研究成果，譬如他对于时空的认识，认为时空是“四积量世界底时空”。

就金岳霖知识论的整体观念来看，一方面求真，另一方面求通，在求真和求通之间，求通更为根本。求真，表现在对知识形成过程中的认知要素要求真实可信；求通，表现在要求认知过程及整个体系“圆通”。关于这一点，金岳霖在《分析我解放以前的思想》一文中说：

> 我有非常浓厚的纯技术观点，我特别注重抽象的分析方法，也注重训练分析技术。我从前是一个实在论者，就我个人说，我的确坚持实在论中的唯物成分，我的确和唯心论者作了近二十年的斗争。但是，我的

---

① 路易斯·P. 波伊曼著、洪汉鼎译：《知识论导论——我们能知道什么》，中国人民大学出版社2008年版，第3页。

② 徐向东：《怀疑论、知识与辩护》，北京大学出版社2006年版，第2页。

注意点并不在唯物和唯心的观点上的分别，并不在唯心论出发点的错误，而只是在唯心论底说不远。我认为一个人有相信唯心论的自由，但是我要指出他的思想说不通，我不管别人的思想方向，只管别人的思想技术。①

从这段话可看出他在唯心与唯物这个问题上不持立场，而坚持“理事并重”的态度，他说：

本知识论既不是经验主义的，也不是理性主义的。这两名词比唯心唯物要切实得多，至少它们是比较地限于知识论范围之内的。……本知识论既不主张经验主义，也不主张理性主义，虽然经验与理性并重；因为主义一来就有抹杀彼此底毛病。本书从第一章到第五章注重经验，从第六章到第八章注重理性。从第八章起，二者并重，这样说法的知识论既不能满足经验派底主张也不能满足理性派底主张，赞成这说法的虽然可以说它兼二者之长，而反对此说法的人可以说它兼二者之短。但究竟如何，本书不必讨论。②

以上是对金岳霖这本《知识论》基本背景的阐述，既包括其哲学思考所处的时代背景，也包括知识论本身的问题背景，当然还包括哲学家本人的思想特点。从这几个方面可看出金岳霖《知识论》的基本问题意识和立场，那就是围绕着知识，以命题知识为样型，实在论为立场，对认知活动中出现的问题求一种理的解释。既然围绕着知识，以命题知识为基本形式，那么接下来就需要考察一下命题知识是否能够穷尽理性思议，同时对其实在观展开进一步考察。

---

① 金岳霖：《金岳霖文集》第四卷，甘肃人民出版社 1995 年版，第 34 页。
② 金岳霖：《知识论》，商务印书馆 1996 年版，第 17—18 页。

第二节　知识与智慧

一、知识论与智慧说

金岳霖在谈到元学(本体论)与知识论的关系时,说了一段很著名的话:

> 研究知识论我可以站在知识论底对象范围之外,我可以暂时忘记我是人,凡问题之直接牵扯到人者我可以用冷静的态度去研究它,片面地忘记我是人适所以冷静我底态度。研究元学则不然,我虽可以忘记我是人,而我不能忘记"天地与我并生,万物与我为一"。我不仅在研究底对象上求理智的了解,而且在研究底结果上求情感的满足。……知识论底裁判是理智,而元学底裁判者是整个的人。[①]

对于从事自然科学的科学家而言,的确常常在科学实验中会以忘我的冷静理性来研究。实验本身虽然是人为造成的,但科学家却是置身于实验之外的观察者的角色,而对于从事人文科学研究的学者而言,无论是文学、艺术还是哲学中的美学、伦理学、本体论的研究,都难摆脱人类的性情。金岳霖对于知识论的态度近乎一种科学研究的态度,而对于知识论研究的期许也如同科学研究的期许一样,为了发现以真命题为形式的知识的理,希望它们能像数学、物理学那样长久地指导人类的认识。

与金岳霖对于知识论主要研究知识的理这个方向不同,冯契提出以智慧说为核心的广义认识论,认为对于知识论的研究不能仅停留在知识的理上,还要上升到智慧。冯契认为理智不是干燥的光,认识论离不开整个的人。在《智慧》的论文中他把人的认识的逻辑发展看作是由意见上升到知识,再由知识上升到智慧,意见是"以我观之",知识是"以物观之",智慧是

① 金岳霖:《论道》,中国人民大学出版社2006年版,第15页。

"以道观之",后来他又修改为从无知到知,从知识到智慧的过程。相较于知识的名言之域,智慧属于超名言之域,从名言之域通过理性的直觉上升到超名言之域,这个过程是转识成智。[①] 这种智慧同时展现为思辨的综合和德性的自证。用冯契的话说,就是化理论为方法、化理论为德性,广义的认识离不开整个的人,最终使人获得一种性与天道的认识。智慧说一方面吸收中国传统哲学的思想,一方面以金岳霖的知识论为对照,既是一种对于中国传统哲学的创见与发展,也是对于金岳霖哲学思想的继承和接续。冯契要求人的认识不能停留于知识上,这也可以看作是中国传统哲学在认识论上对于西方传统的认识论的一个回应。

二、知识与智慧的辩证关系

站在传统知识论的立场上来看,知识论就是论知识的理,用金岳霖的话说,就是以知识为对象而作理论的陈述,这是一种把知识论看成是讨论命题知识的传统知识论观点。这种知识不同于智慧,因为智慧不局限于语言命题。聚焦远古时代,无数的发明创造都跟命题知识无关,譬如语言本身,以及没有语言之前工具的加工制造,这些都涉及智慧。哲学原初的含义就是爱智慧并追寻智慧的学问。最初人们对于这个世界以及自我的认识中有想象、幻想的成分,无论是西方的上帝造人说,还是东方的女娲造人说,神学或者神话的认识论对于世界的理解都不基于语言命题,而基于观察实践,加上最基础的反思,并借助于幻想。时至今日,人们的命题知识系统虽日益完善,但是基于原初经验的反思依然必不可少。被我们的理性所轻视的想象、幻想、直觉等思维方式常常给我们带来智慧的启迪,而且是创造性思维必不可少的手段,因而命题知识不能替代智慧。

此外,名言与超名言并非知识与智慧的根本分野,知识也可以是超名言,智慧也可以是名言。以往的哲学常常把知识看作名言知识,而名言知识离不开语言,从这种观点出发,知识当然局限在名言之内。但是现在研究知

---

① 冯契:《认识世界和认识自己》,华东师范大学出版社 1996 年版,第 42 页。

识论的学者也会把默会知识、能力之知放到知识的范围之内，默会知识和能力之知有很大一部分是无法以语言表达的，这就突破了命题知识垄断全部知识内涵的藩篱，从而可见知识不等于名言知识、命题知识。另一方面，智慧也并不是完全不能说出来的超名言之域的东西，固然如“当头棒喝”也是启智的一种方式，但是智慧并非只能以这种非名言形态来传达。事实上，大多的智慧和思想是通过名言来表述的，譬如历代思想家的著作，而学习者则通过学习“领悟”来启智。

就知识和智慧的变化而言，并非只是从知识到智慧的单向线性上升发展，两者的关系应该是互相增益的：既可以从知识到智慧，也可以从智慧到知识。从知识到智慧是认识的领悟和提升，而从智慧到知识是新认识的发现。当新认识被发现的时候，不仅要具备知识，更要具有智慧，智慧是认识更新的主要手段，而新的认识固化下来积累成确定形态的知识又进一步提升为智慧。所以，知识和智慧是一种从此到彼，再从彼到此这样一种可以互相增益的过程，而人类的认识就在这样一个不断增益的过程中得以进步。

因此，单纯的知识不同于智慧，但知识与智慧的分野也非截然不同，两者相互联系、互为基础又互相促成。作为人类认知的两种方式，知识和智慧的边界也并非泾渭分明，知识不是单独的知识，智慧也不是单独的智慧，但有智慧却没有知识的人则根本不存在，我们日常惯说的先天聪慧并不是后天智慧。因此，知识与智慧对于人类认知缺一不可。

认识如果不局限于名言知识，那就必须要谈到智慧。但是金岳霖的知识论主要讲从正觉到知识，知识的进步又转化为正觉的增加。总的来说，它局限在名言知识的范围内讨论，而限制了形而上的提升。从认识的发展来看，有一定局限性；但从金岳霖整个哲学思想来看，这又是一种安排，就如同康德不在《纯粹理性批判》里面谈实践理性和判断力一样。而金岳霖也并非没有关于非名言之域的思考，只是没有在知识论的范围内来考察，譬如在《真小说与真概念》这篇论文中，金岳霖对“何谓小说的真”的分析就是一种对于非名言智慧的追问。

第三节　命题知识与默会知识

当代认识论的发展对命题知识与非命题知识的区分成为知识论中一个核心问题，尤其是波兰尼在1958年写成《个人知识》一书，提出默会知识论，默会知识就是一种非命题知识。命题知识是以概念构成的命题为知识的基本形式，而非命题知识顾名思义就是不依赖于语言的明述，不以概念命题为知识的基本形式，默会知识就是这种知识。默会知识相对于语言明述的知识是一种不通过语言来传达的知识，或者不能完全依靠语言传达的知识，更偏重于人的理解力、判断力，譬如技巧、鉴别能力，是可以在行动中展示出来却无法依赖语言对其全部内涵清晰明述，更无法以精确的命题形式展现的，所以默会知识又被称为是“行动中的知识”(knowledge in action)，包含着认知能力和认知本身。在波兰尼看来，人类的知识不仅有命题知识和默会知识的分别，而且默会知识还是命题知识的基础。以理解力为例，没有理解力人们就无法展开对命题知识的认识，“没有人会信服一个他所不能理解的证明，而记住一个我们并不信服的数学证明不会给我们的数学知识增加任何东西。”[①]理解是学习掌握命题知识的前提。不仅如此，命题知识的创新和发现也依赖于默会知识，“老鼠学习走出迷宫”就是运用这种能力。关于默会知识和明述知识的关系，波兰尼坚持“默会知识为更基础的认知形式”这样一种立场，他说：

> 默会知识和明述知识是相对待的，但是两者不是截然分离的。默会知识是自足的，而明述知识则必须依赖于被默会地理解和运用。因此，所有知识不是默会知识就是根植于默会知识。一种完全的明述知识是不可思议的。[②]

---

① 波兰尼：《个人知识》，贵州人民出版社2000年版，第118页。

② 迈克尔·波兰尼：《认知和存在》，转引自郁振华：《人类知识的默会维度》，北京大学出版社2012年版，第53页。

但他也承认一个人在命题知识上的进步会提升他的默会能力，默会知识并不能和命题知识相分离，一个人的知识不可能全部是默会的而没有命题的。人不同于动物，人能运用语言符号来表达思维，但也不可能全部是命题知识而没有默会知识，譬如人的理解力。波兰尼主张的默会知识和维特根斯坦主张的传统默会知识一脉相承，都属于强的默会知识论。强的默会知识论强调对于某些类型的知识，以语言为表达方式总是不充分的，但是并不否认语言作为表达方式，从中国哲学的视角来看，或可谓之“言不尽意”，在言和意之间总有一道鸿沟。相对于强的默会知识论，还有弱的默会知识论，譬如“格式塔式的默会知识论”和“认知的局域主义论”[①]。从默会知识的提出可以看到，命题知识只是人类知识的一个方面，不是全部，相对于可以用语言表达的知识，不可以用语言表达、在行动中的知识同样重要。

冯契广义认识论的智慧说和波兰尼的默会知识论均是对名言知识、命题知识的重要补充，知识论的发展不能完全局限在名言知识、命题知识中，要进一步扩展到对于智慧、默会知识的研究中。但是冯契和波兰尼的理路不一样：冯契要求知识向上走，上升到智慧，智慧是知识的目的；而波兰尼要知识向下看，激发默会能力，默会知识同时又是明述知识的基础。这也反映出中西哲学传统认识论的不同方向。西方哲学自古希腊以来都在追问认识的基本和本源，而中国哲学则关注的是智慧问题，人如何提升达到普遍的性与天道的认识。因此一个向下深挖，一个向上生发；一个强调人的理解力、判断力，关注科学的实践，另一个强调对于性与天道的认识。虽然方向和理路不同，但它们都指出了命题知识、名言知识的局限性。然而又不可否认，无论科学研究还是哲学研究，都无法离开复杂的语言命题系统，也没有必要离开语言命题系统。语言命题系统是几千年来人们在不断追求知识清晰性和确定性的过程中慢慢建立起来的，对于清晰知识脉络，积累知识成果发挥主要作用。因而以命题知识为主的知识观并非错误的方向，但同时需

---

① 三种默会知识说的区分详见郁振华：《人类知识的默会维度》，北京大学出版社 2012 年版，第 17—23 页。

要重视智慧的洞见和默会知识的维度，它们也是人类认识的重要手段。故而，金岳霖的知识论以命题知识为研究对象，是无所谓对错的。但认知不应仅停留在对命题知识的逻辑结构研究上，而应扩展到整个的人，把转识成智以及人的判断力、理解力都纳入进来，对扩展认识论研究才更有裨益。

第四节 实在观

金岳霖的实在观可以分为两个方面，即本体论的实在观和知识论的实在观。本体论的实在观主要反映在《论道》中，其中他提出了一种共相的实在观（颇近似于柏拉图的理念论）。而本书主要讨论金岳霖的知识论思想，重点关注金岳霖知识论的实在观。金岳霖称他的知识论是实在主义的知识论，[①]实在主义无疑是金岳霖《知识论》的基本色彩。搞懂金岳霖实在主义知识论对我们理解其知识论的基本立场至关重要。在这里不妨引用一段金岳霖的原话：

> 以上各节所表示的思想也许有人认为就是实在主义或朴素的实在主义。在哲学上给思想起名是非常之麻烦的事体。这里的思想究竟是不是朴素的实在主义颇不易说，朴素的实在主义究竟如何地朴素法也不容易弄清楚。实在主义也有同样的问题。无论如何，为便利起见，我们不妨称这里所表示的思想为实在主义。大致说来，实在主义或朴素的实在主义常常是知识论所开始讨论而又是马上就放弃的。本书认为知识论开始就讨论它确有至理，可是马上就放弃它也的确有不公道的地方。朴素的实在主义确有困难，有些困难也许是非常之难于克服的，也许根本是不能克服的；但是有些困难也许是可以克服的，有些也许是我们底理论所产生的。前一方面的困难也许要使我们放弃我们底主

① 金岳霖："如果一定有人要在本知识论上安上主义，我们似乎只能称它为实在主义的知识论。这名词也不妥。这名词表示态度、或方法、或立场，也许还可以；若表示议论或思想，问题就多了。本书对于归纳原则的议论，或对于'事实'的看法，也许就不是实在论者之所能接受的。虽然如此，实在主义也许最能表示本书底主旨。"（金岳霖：《知识论》，商务印书馆1996年版，第18页。）

张，关于这一点我们不敢说什么。后一方面的困难，即某种理论所产生的困难，是本书底主张所要避免的。[1]

从这段话可见金岳霖对于朴素实在主义的同情，及对哲学理论产生困难的警惕。这种警惕可以看作一种哲学治疗，他要治疗的不是无法避免的困难，如对未知领域的讨论，而是外物与知觉等这类问题，因为理论常会给人戴上一副有色眼镜而遮蔽了对问题的认知。区分理论与常识，人工语言与自然理解，常常是哲学家所要警惕的，否则会造成思维混乱。如何理解实在主义，如金岳霖所言是一个复杂又难以说清的问题，因为实在主义不仅包含朴素的实在主义，还包含常识的实在主义、新实在主义、批判的实在主义、科学的实在主义等不同流派，如何界定是一件复杂的事情。况且，牵涉到实在，就会立刻碰到现象问题，对现象与实在的区分又会遇到各种主义：有的纯粹承认现象、否定实在；有的纯粹承认实在、否定现象；有的既承认现象又承认实在，但不承认由现象可以知道实在，从而实在沦为一个不可知的物自体；有的只承认实在须由现象来推出，而不承认实在能够被直接认知，凡此种种，皆须一一辨明。在金岳霖的立场上来看，他既承认实在，又承认现象，而且承认感觉能够直接把握实在，实在是"客观"的实在。

关于"客观"，金岳霖认为是类观，类观就是同一类的非唯主共同。金岳霖反对"唯主学说"。所谓"唯主学说"就是在思考现象与实在的关系时只从"主观的或此时此地的官觉现象"出发，这就难免会造成"由主推客或由主推人"。"唯主学说"的问题在于它首先承认主观，怀疑以及由主观展开推理的唯一合法性。但这种看法并不合理，因为一旦承认主观思维优先、怀疑及主观推理的合理，那么就等于放弃了对外在实在的直接认识，而把认识的权限控制在人的主观思维之中。抛开常识，从哲学的角度上来说，外物以及他人都必须通过推理建立起来，当然金岳霖已经证明这条路是走不通的：

---

① 金岳霖：《知识论》，商务印书馆1996年版，第115—116页。

> 在唯主学说的知识论之下，即令他不坚持他自己底意见，他也没有任何理由使他承认他在发疯，因为别人底意见只是和他底意见不同的私见而已。其所以如此者，因为唯主学说底“他人”不是独立存在的他人，而只是就主观官觉者底官觉内容所建立或推论出的“他人”。严格地说，这些“他人”是随主观官觉者底官觉而存在的。[①]

关于外物的问题与此类似。金岳霖把有外物、有他人作为立场首先承认，这只是与唯物主义在认识论层面相似，而不是唯物主义。唯物主义是把物质当成第一性，但在金岳霖的哲学构造中，知识论之外还有元学，无论他者还是外物，都统摄于式与能，而式与能不过是道的演化，道是第一性的。[②]抛开元学层面的问题，金岳霖既然反对外物和他人“建立”和“推出”说，那么他必须首先承认外物和他人之有。当然这也是一般的怀疑论者所必然诘问的，“承认外物和他人之有”有什么理由呢？笛卡尔也是从这种逻辑出发，他由怀疑他自己这样一种反身诘问的方式展开思维，从而找出一个“怀疑本身的这种思维行为之存在是无可怀疑的”[③]。这种逻辑展开的方式似乎是无懈可击的，但这恰如金岳霖所指出的，世界的存在并不依赖于人的思维或者此时此地的思维才能确定，外部世界（事物）的实在性、独立性以及同一性并非由人的头脑所赋予，这一点才是问题的真正本质。人对于外在世界可以认识，而谈到认识就必须首先承认其存在，也只有承认存在才有认识的基础。在这个意义上反思笛卡尔的“认识论转向”，当笛卡尔说“我思故我在”，他不是在谈一个认识论的问题，而是在谈存在，从认识来言说存在。同样，金岳霖对唯主方式的批评，也是对存在的讨论，思维可以从哪里展开呢？人对外在世界

---

① 金岳霖：《知识论》，商务印书馆 1996 年版，第 61 页。

② 当然在此我们关注的是金岳霖的知识论，而金岳霖在知识论中就“他人与外物也只是从唯主方式无法推出”而言之，如果要问为何他者和外物直言为“有”，那么至少要回到《论道》的元学层面来讨论。

③ “也许有人以为‘我怀疑’是一无可怀疑的命题，怀疑者不能怀疑他在怀疑。这不是站在逻辑立场上说话。就逻辑说，‘我怀疑’不是一逻辑命题或逻辑命题形式。只有事实在怀疑的人才能断定这一命题是真的。假如我们把赵钱孙李……等等套入‘我’这一变词或任指词里面去也许有时‘我怀疑’是一假命题。说‘我怀疑’是一无可怀疑的命题只是就主观的心理上立说而已。”（金岳霖：《知识论》，商务印书馆 1996 年版，第 48 页。）

的认识建立在什么基础上？换言之，首先要确定的是“存在”是实在的还是非实在的，如果非实在，该以何种思维模型接受之，如果实在，何者为第一实在呢？这些问题都是首先需要加以讨论的，或者我们可以称之为知识论的立场问题。[①]

“实在”在英文中是 reality，源于拉丁文 realitas；“实在论”就是 realism，也可以称为实在主义。广义的实在论就是认为共相为实在的一种理论。最初共相问题作为一个独立问题提出来是以著名的波菲利问题发轫，波菲利问题包括三个问题：一是共相是否独立存在，或者仅仅存在于理智之中？二是如果它们独立存在，它们究竟是有形的还是无形的？三是如果它们是无形的，它们究竟与感性事物相分离，还是存在于感性事物之中，并与之一致？波菲利问题来源于公元 3 世纪新柏拉图主义者波菲利对亚里士多德的《范畴篇》的注释；6 世纪由波埃修翻译成拉丁文；直到 12 世纪，在经院哲学中逐渐演变成研究的焦点，对波菲利问题的不同回答形成了实在论与唯名论。

实在论认为共相为独立的实在，唯名论则认为共相并不是独立的实在，感性事物才是独立的实在。实在论又可以分为极端的实在论和温和的实在论。极端的实在论认为只有共相才是实在的，感性事物不实在；温和的实在论认为共相是存在于感性事物中的一般本质。唯名论也分为极端的唯名论和温和的唯名论。极端的唯名论认为共相只是语词，如果说它们是实在的话，这种实在不过是“语音”而已；温和的唯名论认为共相是一般概念，是心灵对感性事物的性质加以概括或抽象而得到的，概念只存在于心灵之中。[②]而事实上，如同波菲利问题来源于亚里士多德一样，共相问题是一个相当古老的问题。“共相”(universalis)这个术语，就拉丁文词源来说，来源于拉丁文短语 unumversuealia，其意思是指“一对多”，早在古希腊哲学中就已得到讨论。例如早期柏拉图的理念论就认为只有理念世界是真实的世界，只有共

① 非如此不能厘清披着认识论外衣的存在论问题。

② 关于中世纪唯名论与实在论，参考赵敦华：《西方哲学简史》，北京大学出版社 2001 年版。

相是实在的，感性世界只是理念世界的摹本，个别事物只是感觉的幻象，这就是一种典型的极端实在论的代表。与柏拉图不同，亚里士多德不仅承认共相为实在，而且也承认个别事物为实在，这可以被视为一种温和的实在论。

可见，无论古希腊还是中世纪，所谓实在论的讨论都是围绕着共相问题来展开的，其核心议题是共相是否实在的问题，这实质上是一种本体论的讨论，虽然也涉及感觉、认识等概念，但它们不过扮演配角。因而，我们可以把这种实在论称为本体论的实在论。与本体论的实在论不同，自从17世纪笛卡尔哲学兴起之后，关于实在问题的讨论就进入了认识论领域。认识论的实在论与本体论的实在论最大不同在于把实在从共相与个体的辩论中解放出来，而更关注心与物的关系。如果把共相当作心灵中的概念，个体看作世界中的事物，似乎并未发生根本的变化。实则不然，因为围绕着共相问题始终只能够展开一多、先后、真假之类的形而上问题的讨论，而经过文艺复兴时期人和自然的发现，以及近代自然科学的洗礼，哲学家逐渐摆脱了那种局限于宗教神学和本体论的问题视域和讨论方式，世界在他们眼中也不再是共相与个体组成的世界，人与世界成为认识的主体与对象，认识世界和认识自我成了主旋律。因而，无论是18世纪以托马斯·里德为代表的常识实在论，还是20世纪初的新实在论、批判的实在论，本质上都是认识论的实在论。至此，关于实在问题的讨论不再局限于共相理论范围内，而同时也是一个认识论问题了。[①] 因此，关于金岳霖实在观的研究也可以从本体论的实在

① "在19、20世纪之交，经过对19世纪新康德主义和新黑格尔主义唯心论发展的反形而上学的、自然主义的反动，对认识论的兴趣已经复活了。在德语世界的科学中，这种反动根源于赫尔姆霍茨重新对康德作出的科学解释，根源于布伦塔诺的现象学，根源于马赫的中立一元论。在英国哲学中，这种反动获得了一种特殊的性质，即摩尔和罗素对黑格尔主义的反驳。在美国，威廉·詹姆斯和皮尔士的新实用主义认识论已经将注意力从传统先天的东西转向了自然科学。不过，二战期间认识论的复兴不仅仅是这种摆脱唯心论的继续，它也受到了数学、逻辑和物理学中主要进展的激励，这些进展引起了新的方法论方面的关注（就像在法国科学哲学家杜恒、彭加勒、巴舍拉尔等有影响的传统中那样）。因为这一复兴而凸显出来的诸特征中，人们可以列举如下：对数学、自然科学和社会科学发生兴趣；对先天综合真理的可能性进行批判；将认识论从观念和判断理论转变为命题态度、句子和意义理论的逻辑与语义学研究；以实在论和自然主义为取向，即使不赋予常识和经验的要求以特权，也具有与他们相适应的倾向；重新考虑哲学的作用，将它看作对分析的批判运用，而不是看作知识的自发的、至上的形式；最后，不关心历史哲学和概念发展的时间辩证法。"（鲍德温编：《剑桥哲学史》，中国社会科学出版社2011年版，第617页。）

观和认识论的实在观两个方面展开，前者主要体现在《论道》中，后者主要体现在《知识论》中。

从古希腊一直延续到中世纪，再到披着认识论外衣研究形而上学的某些德国古典主义哲学，关于共相的形而上学争论一直持续着，如同中国哲学中对于有无、天人、神质、理气之辩的研究，虽然变幻名称，但这种对形而上学的关注点以及研究方式似乎并未发生本质性的变化。因而，共相虽然会与个体、上帝、经验发生各种形式的矛盾，但这类研究都是以共相问题为核心而展开讨论的。在金岳霖的《论道》中可以看到"共相底关联"[①]不仅作为单独的一章来讨论，而且共相的概念更是贯穿全书。

对于成功的共相理论来说，不仅在于提出观点，更重要的在于辩护。在古希腊，共相的争论主要集中在一与多的问题上。早期柏拉图就提出分有说来支持理念论，但犹如理念论一样，这种基于日常想象而衍生的分有说充满了漏洞，尤其对于目的论的宇宙观来说。既然分有是以可感个体与理念型相(idea)相对应为前提的，无论是幻想还是模仿，对于污秽我们必然要肯定其作为型相的存在。但是如果存在着污秽的型相，宇宙中的所有污秽之物也将朝着污秽目的而发展，这就与目的论的动机相违背了。因而凡是有目的论的动机者，都面临着这样一种伦理的窘境，但这种窘境背后也是由于把污秽物看成独立的个体，而且认为这种独立的个体朝着其型相发展。因此，我们看到理念论在这一点无法自圆其说，是由于其所持不同理论无法统一协调所致。

但是也存在着一点普遍的意味，就是凡以伦理型相为目的者，所不能逃避地要回答所谓俱分进化是否可能，抑或伦理上的优胜劣汰是否可能的问题。所以金岳霖的共相理论既谈到伦理的共相概念，也有着目的论的倾向，[②]那就不能回避相关的问题。他认为现实的历程是一个有方向、有目的、

---

① 金岳霖:《论道》第四章，中国人民大学出版社 2006 年版。

② "太极带点子'目标'味，即英文中的 for what 那种味道"。(金岳霖:《论道》，中国人民大学出版社 2006 年版，第 180 页。)

有宗旨、有价值的发展过程,[①]这个发展过程可以归纳为“无极而太极”,“太极为至,就其为至而言之,太极至真,至善,至美,至如”,[②]“无极而太极理势各得其全。理势各得其全底意思就是说所有的可能都在无极而太极现实”,[③]而这个进化的现实表现就是“绝逆尽顺”,不仅历史上的野兽免不了已经淘汰,就连人恐怕也是会被淘汰的,[④]而最后所达到的道也就是共相或者共相底关联,[⑤]也就是至真、至善、至美、至如的境界。也即在金岳霖看来,现实个体的优胜劣汰并不反映共相世界的“绝逆尽顺”,所以现实世界虽暂时止步于人类,但并非永远止步于人,未来应该有事物来取代人类。而人的最高境界或者最终目标之所谓至人、圣人或真人即使能达到,也不过是局部的道演,与太极的至真、至美、至善、至如的境界不在一个层次上。

站在元学的角度,金岳霖的立场和观点是:即便任何事物都不存在了,“共相是实在的”,“道是实在的”。在知识论中,则表现为“理是实在的”。金岳霖明确地表述知识论的对象是“知识底理”。[⑥] 知识论就是对于知识作“理论的陈述”,“本书所谓知识论是以知识底理为对象底学问。我们承认对象之有及知识之在”。[⑦] 当然,这种理的实在观必须建立在知识的理之基础上,也即必须建立在以知识为视角来理解世界的基础上,因为有知识,才有知识的理。

---

① “太极绝逆尽顺,现实底历程是有意义的程序。这就是说现实底历程不是毫无目的,毫无宗旨的,它不仅是历程而且是程序。无极而太极不仅表示方向而且表示目标,表示价值,不过在短时期内,我们看不出来而已。以千年、万年、百万年为单位,我们看不出整个道演底踪迹。虽然如此,局部的道演不见得毫无象征。即以人类几千年的历史而论,人类本身我们不能不说有进步,虽然以道观之我们不免沧海一粟之感,而小可以喻大,这点子成绩也可以表示现实底历程不是毫无意义的历程。这历程既是有意义,同时也是一种程序。”(金岳霖:《论道》,中国人民大学出版社 2006 年版,第 189 页。)

② 金岳霖:《论道》,中国人民大学出版社 2006 年版,第 182 页。

③ 金岳霖:《论道》,中国人民大学出版社 2006 年版,第 186 页。

④ 金岳霖:《论道》,中国人民大学出版社 2006 年版,第 189 页。

⑤ “道之可以合可以分也是因为共相与共相底关联。任何一共相都是别的共相底关联,任何一套共相底关联总是一共相。就任何共相之为其本身而言之,它总是单独的,整体的,就任何共相之为其他共相底关联而言之,它总是牵连的,部分的。共相底关联成一整个的图案,这整个的图案是道,各共相也是道;此所以道可以分开来说,也可以合起来说。”(金岳霖:《论道》,中国人民大学出版社 2006 年版,第 189 页。)

⑥ 金岳霖:《知识论》,商务印书馆 1996 年版,第 2 页。

⑦ 金岳霖:《知识论》,商务印书馆 1996 年版,第 3 页。

从常识说，有知识，几乎没人会反对；但从哲学角度出发，知识是否是世界唯一的认知途径是一个大问题。如果以今天的知识样式为标准，那么前知识时代或者知识初构的时代，相比于今天人们对于世界愈加统一的知识而言，人们最初对于世界的理解和解释是多元化的，比如巫术、释梦、神灵崇拜、风俗等。今天的知识作为理解和解释世界的基础无疑是经过不断选择才建立起来的，尽管有不足，但相比其他认知和解释体系来看，无疑是更优的。但不可否认单向度认知的系统性总会扼杀其他有益视角，这也是今天追问何为知识的问题所在。究竟知识的范围该包括多大？何为知识？是否不符合今天科学规范的认知方式都要划到知识范围以外？标签以非科学，还是需要以新的视角来重新审视？这些是摆在我们面前的问题。尤其进入多元化的认知时代，没有现代科学的实证依据却在现实中发挥作用和影响的认知体系，比如古老的中医学说，其治疗原理与西医建立在自然科学基础上的治疗原理不同，换个视角或许我们只是还未有一种更广的知识范式囊括非科学性认知的合理性。

在柏拉图的时代，就产生了“美诺悖论”来诘问知识何以知道，而此问题的本质是对是否“有知识”的追问。金岳霖对“知识底可能问题”回答是“有”，这一点我们同意，至少在知识的时代，或者说知识的成熟时代，我们不会问。就像我们今天不会问“有人吗”？但这对穷究的怀疑主义者来说，依然是问题。正如金岳霖对唯主方式的批判一样，怀疑主义总是追问何为无可怀疑，但世界以及认识本身并不追问无可怀疑，而是追寻如何更好地解释和理解自我与世界。而且即便怀疑，也必须建立在承认一些基本事物存在的基础之上。如果不从唯主方式来批评怀疑主义者，至少我们会说穷究的怀疑主义者对于怀疑的运用是一种思维语法错误，他们错误地运用了怀疑的思维方式。从维特根斯坦那里可知怀疑的合理使用是“我们可以怀疑大楼能否按期交工”，因为我们感觉施工太慢，“我们也可以怀疑彼此以前是否真见过面”，因为当下我们彼此感觉陌生；但我们不会怀疑“我昨天去过月球”[①]，“我

① 参见维特根斯坦：《论确实性》，广西师范大学出版社 2002 年版。

的手是否存在”这类问题，同样我们也不会怀疑“地球是否存在”等这类问题。

在知识论的普遍性问题上，金岳霖说：

> 知识论是研究知识底理底学问。理总是普遍的，知识底理也是。它决不能限制到人类底知识底理，虽然人类底知识底理也是知识底理。把知识论底理限制到人类底知识底“理”，知识论就不是普遍的知识论。如此看法的知识论也许只是自然史上某一阶段（即有人类的那一阶段）底普通情形之一而已，和清朝人有发辫一样。我们所要的是普遍的知识论，所谈的官觉者与知识者不限于人类，如果 x 类在已往或现在或将来有知识，则 x 类也是官觉者或知识者，它们底知识和人类底是同样的知识。就取材说，这样的知识论从是人的知识论者着想，不得不从人类经验取材，也不妨从人类底经验取材；但是，就立论说，这样的知识论不必单从人类底经验立论，也不能单从人类底经验立论。我们既然可以引用抽象这一工具由特殊的事物而得到普遍，我们也可以由人类底知识经验而得到普遍的知识经验。这表示我们不必单从人类底经验立论。假如我们单从人类底经验立论，则所谓知识经验者既只随人类底生而生随人类底灭而灭，所谓知识底“理”不过是自然史中某一阶段底普通情形而已。这表示我们不能单从人类底经验立论。本书既不赞成以人类为中心的哲学，也不赞成以人类为中心的知识论。[①]

金岳霖认为要达到普遍的知识论，就不能局限在人类的立场及人类的经验中，所追寻的理也不能局限在人类知识的理上。人类的知识经验不同于普遍的知识经验，要比普遍的知识经验范围小。

对普遍性的态度也体现在金岳霖对待知识论的研究态度上，他说：

① 金岳霖：《知识论》，商务印书馆 1996 年版，第 85 页。

> 研究知识论我可以站在知识论底对象范围之外，我可以暂时忘记我是人，凡问题之直接牵扯到人者我可以用冷静的态度去研究它，片面地忘记我是人适所以冷静我的态度。研究元学则不然，我虽可以忘记我是人，而我不能忘记“天地与我并生，万物与我为一”，我不仅在研究底对象上求理智的了解，而且在研究底结果上求情感的满足。[①]

虽然我们赞成这种对于知识的理的追求态度，但需要注意研究者固然能做到冷静的态度，忘记我是人，但不能不是人。只要是人，知识的理就无法剥离人的知识经验本身的限制，这与把其他类的知识经验吸收进来无关。如果把宇宙整体的理称为道，那么知识的理不能等同于道或道的一部分，而只能反映人对于道或者道的一部分的把握。

另外，虽以命题化知识为代表的科学推动人类社会进步，但有些东西在认识范围内，却在命题化的知识外。金岳霖从常识出发，对于命题知识的研究而言，的确不过分，且是合适的源头，因为常识已经是一种成熟的、成人的认识，而命题知识作为一种高度形式化的知识，如果不是做知识考古学，并无必要追溯到作为个体或类的人原初认识经验的发生。但我们谈人的认识而非形式化的知识时，就不能完全局限在命题知识中了，而必然要追溯到人的原初认识经验，那就不仅包括后天能力，还包括先天本能。这里我们不是批判金岳霖的命题知识的知识论态度（因为这种知识论态度是传统知识论观念在科学化时代高度形式化的自觉继承），而是要明白金岳霖所谈知识的理之承载形式的边界在于命题知识，而不是非命题知识。

综合来看，金岳霖的超越于人的知识之理的观点，可以从这几个方面理

---

① 金岳霖：《论道》，中国人民大学出版社 2006 年版，绪论第 15 页。关于这段话，杨国荣认为：“他认为知识论仅仅需要冷静的理智，惟有形而上学才涉及整个的人，不仅过于截然地分离了形而上学和认识论，而且多少将认识的主体抽象化了。就认识过程而言，其主体显然不能简单地归结为理智的化身：这里需要的同样是‘整个的人’。所谓整个的人，也就是作为具体存在的人。他既有感性的规定，也有理性的面向；既有渴望情感的满足，又包含着内在的意愿，如此等等。这些不同的规定在认识过程中往往相互交错、彼此作用，共同制约着知识的形成。”（杨国荣：《本体论视域中的所知与能知》，《浙江社会科学》2003 年第 2 期）

解：一是新实在论的影响。新实在论认为共相是一种实在的存在，而共相和共相的关联都是理，理也就是一种脱离个体而可以单独存在的实在。金岳霖受新实在论的影响认为存在超越于人的知识之理。二是超越的信念。超越对于任何一个有本体论建树的哲学家总是不能幸免的，金岳霖的《论道》就集中体现了他的本体论思想。人对于道而言只是一种现象，人不是永恒的，道是永恒的，而共相或共相的关联作为不断被人所认识的理而言，是超越于人的，是局部的道演。在这个意义上，理就是一种超越于人的知识之理，知识只是人认识理的一种形式；三是传统的知识论的影响。这种以命题知识为核心的知识论是从古希腊就开始的潮流。柏拉图对知识的定义是"知识是得到论证的真的信念"，这就是把知识看作是一种命题知识。在柏拉图的著作中，以先知形象出场的苏格拉底和别人讨论问题时，对于知识的追问总是要求对方能够说出并证明，如果无法用语言说出并证明，就不能说他具备了关于某个概念的知识，譬如"英雄""勇敢"等，而且真正的知识是对理念的认识。从柏拉图一直到康德，知识论始终保持着命题知识的传统。虽然到了近现代海德格尔企图复活知识的存在维度，波兰尼提出强调默会知识，赖尔区分 know that 与 know how，但知识论的主流依然是命题知识。这不仅仅在哲学上，而且广泛存在于以命题知识为基础的各个学科，无论是数学、科学、医学、心理学，还是建筑、音乐、绘画等，人们已经习惯于从命题知识出发构造认知系统。

另外，金岳霖不单认为理实在，还在立场及出发点上坚持朴素实在论。坚持朴素实在论便于解决两方面的困难，即"有外物"和"有正觉"。从朴素实在论出发等于直接承认这两个命题。他说：

> 其实我们也没有必然的理由非间接地承认被知或官觉对象或外物不可。本书认为我们只有直接地承认它。不在唯主方式底立场上，"有外物"这一命题没有困难。在常识上我们认为这命题已经证实。朴素的实在主义的确是非常之富于困难的知识论学说，但是，假如我们不采取唯主方式，这学说的困难虽多，然而不至于无法克服，至少我们不至

于马上就感觉到这学说底不通。无论如何，本书在理论上直接地承认被知或官觉对象或外物。[1]

……我们要注意正觉本身就是官能者和外物底关系集合。这说法普通称为朴素的实在主义，它没有推论到或建立出外物底问题。我们曾经说过朴素的实在主义也许不那么“朴素”，不过这名称既然引用了好久，我们也不必设法更改。[2]

的确，在常识或者朴素实在论看来，有外物、有正觉都是没有问题的经验，一方面是因为他们习以为常，另一方面是因为他们信以为真。从一般人的角度说，所谓的外物和正觉对于他们来说不是一种自觉的行为，或者不是一种观察的对象、思维的对象；从哲学家的角度说，外物和正觉的确是他们直接承认为存在的，因为站在朴素的实在主义的立场，知识、论证都不是由假设开始的。由假设开始，我们可以设想如“缸中之脑”那样的思想模型，从模型开始讨论，但不是由假设开始，而是由直接的经验开始，我们只有承认有外物和有正觉，即便以后证明其不存在，这也是无论在常识还是朴素实在论的立场都必须预先承认的，因为这是讨论的基础，即使是怀疑，也是怀疑的基础。回过头来，我们说即便是设想如“缸中之脑”，也不是没有规则的设想，依然要根据于正觉和外物的概念，正觉和外物在朴素实在论者这里扮演着如康德的先天感性形式一样的角色，在理论上是预先予以承认的。

可见金岳霖的实在观既注重经验，也注重理性，既坚持经验的立场，也承认理的实在，用他的话说就是“理事兼重”：

本知识论既不是经验主义的，也不是理性主义的。这两名词比唯心唯物要切实得多，至少它们是比较地限于知识论范围之内的。在知识论的确有以理则验或从验推理的问题。本书认为“实在”总是综错杂

---

① 金岳霖：《知识论》，商务印书馆 1996 年版，第 102 页。

② 金岳霖：《知识论》，商务印书馆 1996 年版，第 125 页。

呈,互相牵扯的。在知识论范围之内事中有理,理中有事。此所以研究知识论和研究逻辑学不一样。本知识论既不主张经验主义,也不主张理性主义,虽然理性与经验并重;因为主义一来就有抹杀彼此底毛病。本书从第一章到第五章主张经验,从第六章到第八章注重理性。从第八章起,二者并重,这样说法的知识论既不能满足经验派底主张也不能满足理性派底主张,赞成这说法底虽然可以说它兼二者之长,而反对此说法的人可以说它兼二者之短。但究竟如何,本书不必讨论。①

理事兼重也即既肯定理的实在,也肯定事的实在。这里的理是知识的理,在金岳霖这里知识的理又可以分为对象的理和内容的理,对象的理是共相的关联,内容的理是概念的关联,内容的理的真正感依赖于对象的理的独立性:

知识论以知识为对象,或以知识底理为对象。理字在这里有两不同的用法,一是对象的理,一是内容的理。说我们要理解知识,要得到通而且真的思想图案或结构中的理是内容的理。知识底理是对象的理。我们可以用共相和概念底分别来表示这两不同的理底分别。就某一种的内外说共相是在外的,概念是在内的。假如我们以对象的理为共相底关联,我们也就是以内容的理为概念所有的相应的关联。这里所谈的知识底理是对象的理,是独立于我们底理。独立两字非常之重要;一思想结构或图案给我们的真正感要靠对象的理底独立。……知识论不是记载特殊事实底学问,也不是人类底知识史;它是要普遍地理解知识底学问,它底对象当然是知识底理。对象的理既是共相底关联,知识底理当然就是知识所牵扯到的种种共相底关联。知识论须要是普遍的,我们也不必多所讨论。可是,它既得普遍我们就得让它老老实实的的确确地普遍,我们不能把它视为人类底知识论而已。显而易见,假

① 金岳霖:《知识论》,商务印书馆 1996 年版,第 18 页。

> 如狗类能知，我们要求我们能够知道它之所知，或反过来说，它也知道人类之所知。[①]

可见这种独立性就体现在它不限于人、人类，如果其他的动物有知识，他们的内容的理的真正感也要依赖于对象的理，也即共相的关联。显然共相的关联是超于类的，这种关联能被不同的类所接受。如果动物有知识，他们与人的知识的区别就在于内容的理，人是以概念来组织，动物或许以别的"x念"来组织，也即人和动物的知识共同依据于对象的理——共相的关联。而知识论中的共相就是《论道》中的共相，知识论中的共相的关联就是《论道》中的共相的关联。

在《论道》中共相的关联就是理：

> 理总是以普遍命题表示的，而普遍命题总是概念与概念底关系，所以普遍命题之所表示就是共相底关联或可能底关联。反过来说，共相底关联总是理。在本条我们所注重的是共相底关联而不是可能底关联。如果我们所注重的是可能底关联，我们所注重的也许可以叫做纯理。纯理是逻辑那样的理，不必就是共相底关联；可是它虽不是共相底关联，而它也不会不成共相的关联。[②]

这里所谓可能的关联"不会不成共相的关联"，也即不是不能成为、只是尚未成为，因为共相的关联是实在的。之所以如此，因为金岳霖认为"共相底关联或可能底关联"，也即"共相底可能的关联"，与"共相底现实的关联"相对。[③] 共相的关联是共相之间的关联，共相与个体相对。

---

① 金岳霖：《知识论》，商务印书馆1996年版，第90—91页。

② 金岳霖：《论道》，中国人民大学出版社2006年版，第169页。

③ 共相的关联又可以分为内在的关联与外在的关联，"所谓共相在各方面有不同的关联就是根据内在与外在底分别。一方面底关联即一方面底内在的集团，另一方面底关联即另一方面底内在集团，而二者之间的联络即外在的关联"。（金岳霖：《论道》，中国人民大学出版社2006年版，第88页。）

> 普通所谓共相是各个体所表现的、共同的、普遍的“相”；或从文字方面着想，相对于“个体”，共相是谓词所能传达的情形；或举例来说，“红”是红的底个体底共相，“四方”是四方的个体底共相等等。①

从个体说，个体可以是红的、可以是四方的，红和四方都是个体的内在属性。A 可以在 B 的左边，B 可以在 A 的右边，左右是 AB 的关系，这都是“简单命题”从共相的关联看，他说：

> 红本身有它底属性，而关系与关系之间有关联……说性质之有某属性，或关系与关系之间之有某一种关联总是普遍的话，它们或者是普遍命题或者是定义。如果是定义，说某性质或关系之有某属性就是说前一性质或关系底概念底定义之内有后一概念底定义，所以这里的属性就是内在性。说某一性质与某一性质或某一关系与某一关系有某种关联就是说前两概念底定义之内有后一概念底定义。如果这类的话是命题，它们是普遍的命题。如果它们是真的，则它们表示普遍的事实，那就是说，它们表示共相底现实的关联。如果它是假的，而又不是矛盾的命题，则它们表示共相底可能的关联而不表示现实的关联。如果这些命题既不是已经证明其为真又不是已经证明其为假而且同时又无矛盾，则它们所表示的至少是共相底可能的关联，也许是共相底现实的关联。②

“共相底现实的关联”是事实的秩序，“共相底可能的关联”是假设、定义、系统、推论、规律、范畴、概念等命题的系统。在金岳霖看来，任何时代从当下往这个时代之前看，知识多是从事实的秩序去建立出命题的系统，往这

① 金岳霖：《论道》，中国人民大学出版社 2006 年版，第 52 页。
② 金岳霖：《论道》，中国人民大学出版社 2006 年版，第 78 页。

个时代之后看是从命题的系统发现事实的秩序。这说明命题的系统的确重要，但“一部分治科学的人似乎因为他们注重假设、推论、算学公式等等，而忽略这些‘东西’之所能致用的根源，……它们之所能致用的根源之一就是已经发现的普遍的真命题。这些命题之所表示的就是共相与共相之间的现实的关联”①。

也即，虽然命题系统重要，但其重要性、有效性也是建立在对以往事实的秩序之符合的基础上，也即假说、推论要想成立依然必须根据事实的秩序，也即共相的现实的关联。而共相的关联“有时非常之‘显明’，有时非常之‘隐晦’，但无论如何，它总是潜寓于个体界，各种科学所要发现的都是一部分或一方面的共相底关联。任何原则，任何自然律，任何表示事实的普遍命题，都是说共相界有某种某种关联。我们对于共相底关联所得的知识，一方面由个体归纳而来，另一方面又以之范畴个体”②。而且共相底现实的关联离不开个体，共相底现实的关联离不开官觉经验，这是就我们发现的一部分或一方面的共相的关联而言。如果从整个的共相的关联而言，共相的关联就是道：

> 道之可以合也可以分也是因为共相与共相底关联。任何一共相都是别的共相底关联，任何一套共相底关联总是一共相。就任何共相之为其本身而言，它总是单独的，整体的，就任何共相之为其他共相底关联而言，它总是牵连的，部分的。共相底关联成一整个底图案，这整个的图案就是道，各共相也是道；此所以道可以分开说，也可以合起来说。③

道也就是从整体说的共相的关联。因此在金岳霖这里，知识论中的理依据于《论道》中的道，道是实在的，理也是实在的，而且二者都是超越于人

① 金岳霖：《论道》，中国人民大学出版社 2006 年版，第 80 页。
② 金岳霖：《论道》，中国人民大学出版社 2006 年版，第 68 页。
③ 金岳霖：《论道》，中国人民大学出版社 2006 年版，第 189 页。

类的。

除了认为理是实在的，他还认为“事”也是实在的，他说：

> 理决不会只是空的，它决不会毫无寄托或毫无凭借的。理总是寓于事的。知识论底对象虽然是知识中的理，所从取材或所从以为研究的还是知识底事。我们把事体事实，情形，现象，总起来称它为事。事总是特殊的，它总是占特殊时间特殊空间的。知识论既是以知识底理为对象底学问，当然也逃不了知识中的事。教育不只是追求或传达知识，但是就追求与传达知识着想，这一方面的事都是知识底事。父母教小孩是知识底事。也许在这些事中，习惯与记忆成分特别地大，学者研究学问也是知识底事，也许在这些事中，观察试验，抽象，思考，推论成分特别地多。知道本身，就具在某时某地开始说——例如张三在某时某地才知道地球是圆的……无论他底答语是知道或者不知道，我们都已经满足了。在常识这一层次上我们也许会追求这件事底历史，问张三“怎样知道”。这个“怎样知道”和知识论不相干，它不是知识论所要讨论的怎样知道。知识论底兴趣不在张三底知识底历史而在知识底普遍的理。本条所要表示的是知识论要在事中去求理。求理不能忽略事。[①]

可见知识论所关注的是知识的事，所要求的是知识的理，理在事中，求理就是在事中求理。

> 知识这样的事很显而易见有以下的成分，一是知者，一是被知者，一是二者底关系。假如我们要对得到知识这样的事有所理解，我们不能忽略这三者之中任何一成分。假如我们忽略这三者之中的任何一成分，我们不能在理论上得到真正感在对象上得到实在感。理论上的真

① 金岳霖：《知识论》，商务印书馆1996年版，第91页。

> 正感至少部分地靠对象上的实在感(或对象给我们的实在感),而对象上的实在感至少部分地要靠我们不忽略三成分中任何一成分。[①]

知识的事要成立要依赖于知者、被知者以及二者的关系的实在,而上面谈到过金岳霖坚持从朴素实在论出发就是直接承认有外物和有正觉,承认有外物、有正觉也就是承认知者、被知者以及二者的关系的实在,因此所谓知识的事是在朴素实在论立场上出发的事,因此事也是实在的。[②]

综上所述,我们认为金岳霖的实在观从他的本体论哲学看是道实在、共相实在,从知识论上看则是理实在,出发点则是朴素的实在论,承认有外物、有官觉。

---

① 金岳霖:《知识论》,商务印书馆1996年版,第92页。

② 金岳霖:"或对于'事实'的看法,也许就不是实在论者之所能接受的。"(金岳霖:《知识论》,商务印书馆1996年版,第18页。)"事实虽是所与,然而不只是所与;事实虽有意念,然而不就是意念。它是以意念去接受了的所与,一方面它既有所与底秩序,也有意念底秩序,另一方面,它既有所与底硬性,也有意念底硬性。"(金岳霖:《知识论》,商务印书馆1996年版,第784页。)所谓"意念底硬性"是指我们虽然可以以不同方式的意念的安排去接受所与,但是意念本身不变,东的意念不能变成西的意念,这就是意念的硬性。而事实既是以意念去接受了的所与,它当然有意念的硬性,在这个意义上,或许就不是实在论者所能接受的。

第二章 外物问题

第一节 外物之有

外物是认识论中的一个重要概念，研究认识论的哲学家无不要给外物一个界定。有的哲学家以为外物是不存在的，譬如彻底的唯心论者；有的哲学家把外物化进意识里，譬如贝克莱；而有的虽承认外物，但以为什么都是外物，甚至包括意识都是外物，譬如新实在论；当然也有分别承认意识和外物的。无论如何，必须要说感觉意识与外物的关系是一个永恒的、复杂的哲学问题，而关于这个问题的不同立场和争论也足够写一部哲学史了。本节主要探讨金岳霖对于外物的观念，以及他对推理或建立外物的思想根源"唯主方式"的批评，而且我们还将沿着"唯主方式"的内在理路的逻辑发展以找出其何以不能成立的理由，最后分析一下何以人们易于接受有感觉意识、而没有给予外物同样地位的内在心理机制。

一、外物的内涵

金岳霖认为外物要满足四个规定：第一，外物是"公"的，不是"私"的；第二，外物独立存在；第三，外物的形色状态是它本来有的；第四，外物在时间的绵延上具有同一性。

第一条是规定外物的"公共性"。所谓公共，一方面是同一个外物不是仅仅能被一个个体所把握，另一方面是被把握的这个外物在不同的人那里被认为是同一个外物，而不是不同的外物。

第二条是规定外物的"独立性"。这个"独立性"包括四个方面：(1)包括“独立存在”的内涵;(2)知道外物独立存在和如何知道外物独立存在不同;(3)如何知道外物独立存在简单,但是理解如何能够知道外物独立存在困难,而且是整个知识论所要讨论的问题;(4)外物的独立存在本身就有知识论上的某一种的假设。

第三条规定知识论所探讨的外物主要是日常经验感觉范围内的外物,而不是科学研究中的外物。从这个立场出发,区分外物本身所固有的形色状态和人通过感觉把握得到的外物的形色状态不是一回事,而且前者不是人的感觉所赋予的。

第四条规定外物不因其性质和关系变化而改变其同一性,而且不仅外在于主体的物,包括外在于主体的“他人”或者“其他”是外物的东西,都具有同一性。

从这四条规定我们可以看出金岳霖的外物观是直接肯定外物的独立存在,这是其知识论的基本立场——朴素的实在论所决定的。站在朴素的实在论的立场上,不仅外物是存在的,而且感觉也是存在的,“有外物”和“有官觉”是金岳霖的知识论所出发的两个基本立场。不仅如此,这四个规定都是针对着“唯主方式”的外物观而言的,“唯主方式”并不一开始就承认外物的有,而是主张通过推论或建立出外物,这种知识论的出发方式正是金岳霖所批判的。

二、对唯主方式的批判

所谓“唯主方式”就是指从主观的或者一时一地的官觉现象出发。以这种方式作为认识的出发方式不仅会造成得不到真正的“非唯主的共同和真假”,也无法保证独立存在的外物。罗素对于外物的追问就是属于这种理路,他首先追问到底有没有外物这种东西,外物是否随我的感觉生灭而生灭,还是说外物仅仅是我幻想出来的东西,又或者仅仅是我梦中的东西。除了外物,还有“他人”,我们能看到他人有身体,但是心灵呢？难道他人不会是一个没有心灵的身体吗？带着这种追问,罗素认为外物作为一个值得怀疑的对象,要展开对其追问就必须找到一个不可怀疑的、具有确定性的出发点。他认为这个出发点就是感觉材料，站在感觉材料的立场上，我可以怀疑我面前的桌子是否存在，但是我不能怀疑我看到的颜色和形状，这个颜色和形状就是感觉材料。感觉材料不仅适用于知觉，也同样适用于梦和幻觉，他说当我们梦见或者看见"鬼"的时候，无论如何总会有"见"到鬼的形象，虽然可继续坚持并不存在和鬼的形象对应的鬼的物理客体，但"鬼"作为梦中或者幻觉中"见"到的感觉材料确是真实存在的。因此，在罗素看来，在追问外物的过程中，感觉材料不仅真实存在，而且是最基本的出发点。

但是不是只有感觉材料，而没有外物呢？还是说这些感觉材料本身就是外物呢？罗素跟着这些问题继续追问外物。他举例说，如果我们看到的一个桌子仅仅是感觉材料，而不是一个物理客体，那么盖上一块桌布，就只能看到桌布，桌子作为一种感觉材料就消失了，那么桌布便出于一种"奇迹"而在桌子原来的地方悬空了，这显然是荒谬的。他还认为外物作为一种物理客体的存在，最大的原因在于外物的同一性，存在一个超越于个人特殊感觉材料之外和之上的共同的中立的客体，接下来的问题就是追问我们有什么理由相信存在这样一个共同的中立的客体。关于这个追问，我们很自然就会得到一个答案，不同的人有着相似的感觉材料，个人在不同时间，只要是在一定的地点，也会有相似的感觉材料，这就可以假定存在一个共同的持续存在的中立客体，它超乎于感觉材料之上与之外，从而构成了不同人、不同时间所产生的感觉材料的基础或原因。但是他接着说，这些推理都是在假定我们之外还有别的人的情况下得到的，而实际上并不能保证我们之外还有别的人存在，从而以上论证的基础并不牢靠。那么接下来就要追问，能不能证明我之外还有别的人，抑或别的人只是我的幻觉、梦觉，而这种假设在逻辑上不是不可能，但也没有理由来证明它就是真的，也即对他人的存在我是没法证明其为假，也没法证明其为真的。罗素承认这是个困难，最后他也只好求助于常识或者"本能的信仰"，他说：

从作为一种说明我们生活事实的方法来看，这个假设就不如常识的假设来得简单了，常识的假设是：确实有着不依赖于我们而独立存在的客体,这些客体对我们所起的作用就是我们的感觉发生的原因。……我们本来就不是凭借论证才相信有一个独立的外在世界的。我们一开始思索时,就发现我们已经具有了这种信仰了:那就是所谓的本能的信仰在视觉中,感觉材料本身被人本能地信为是独立的客体,但是论证却指明客体不可能是和感觉材料同一的;我们永远不会对这种信仰产生怀疑。这种发现在味觉、嗅觉和听觉的事例上一点也不矛盾,只是在触觉中稍微有一点。然而我们还是相信的确有和我们的感觉材料相应的客体,我们本能的信仰并不因之而减弱。既然这种信仰不会引起任何疑难,反倒使我们经验的叙述简单化和系统化,所以就使人没有理由不接受它。因此,尽管梦境引起人怀疑外部世界,我们还是可以承认外部世界的确存在着,而且它的存在并不依赖于我们不断地觉察到它。①

罗素最终也没有从感觉材料推出外物的存在,还是归结于常识和本能的信仰。金岳霖在批判以罗素为代表的唯主的出发方式来推论和建立外物的理论时,也注意到了这一点。他一方面指出从此时此地的官觉很难推出"我",即便推出"我","我"也只是此时此地的"我",这个"我"没有多大用途,真正有用的是超越于一时一地的感觉内容又在时间上具有绵延的同一性的"我",但是这样的"我"是无法从"唯主方式"的立场推出来的;另一方面从"唯主方式"出发,也无法推出他人的存在。金岳霖认为从感觉内容无法推出他人和外物,最根本的问题在于"唯主方式"以无可怀疑的原则为出发原则。

三、对无可怀疑原则的批判

所谓无可怀疑的原则就是追寻无可怀疑的命题为出发点,无可怀疑的命题也就是自明的命题或逻辑上不能不承认的命题,其目的就是为了求立

① 罗素:《哲学问题》,商务印书馆2006年版,第15—16页。

于不败之地。无可怀疑不是要求怀疑者不能证明他所相信的命题为假，而是要求怀疑者无从怀疑起。罗素对于外物的追求的确是依据于无可怀疑的原则，他所说的感觉材料就是他当作出发点的无可怀疑的命题。而贝克莱的“感知即存在”和休谟的“只有感觉是真实”的推论同样是无可怀疑原则造成的结果。

无论科学研究还是哲学研究，求立于不败之地作为研究的基础和出发点，都是可以理解并值得同情的，但求立于不败之地是不是就一定要追问无可怀疑的命题，二者似乎没有逻辑的必然性。在金岳霖看来，求立于不败之地，我们可以求助于无理由否定的命题，不一定必须求助于不能不承认的命题。无理由否定的命题也就是不能证明为假的命题，一般的真命题都是这类命题，譬如“1＋1＝2”“有地球”“我存在”这类命题都是真命题，我们不能证明其为假，但是无可怀疑要求证明其为真，不断地追问“为什么知道”，要求提供辩护。正缘于如此强的要求，求“立于不败之地”被这类哲学家转换成了求“无可怀疑”的命题。既然求无可怀疑，肯定避免不了从怀疑出发，用排除法排除怀疑的对象是最自然能够延伸出来的理路。比较有代表性的如“阿格里帕论证”，这是一个典型的求无可怀疑的论证，它不断地要求你提供理由来辩护你的主张，不断地提出“为什么”，这样一来，辩护就陷入了“无限倒退”。另外一个典型是笛卡尔的怀疑论，笛卡尔认为一切皆可怀疑，我们所看到、听到、想到的一切都可能是邪恶精灵制造的幻象。“邪恶精灵说”近代的版本是“缸中之脑”，二者都指出了一个问题，就是对于什么存在我们是不知道的，我们所认为的存在都值得怀疑，在逻辑上都有可能是不真实的幻象。因此最后笛卡尔提出著名的命题“我思故我在”：即使我可以怀疑那些所看、所听、所思是不真实的存在，但是我不能怀疑此刻我正在怀疑本身，因而我的思维活动本身是确定不移的存在。这样他也就找到了一个他认为的无可怀疑的命题作为其理论的出发点。

但是我们可以看到，无论是阿格里帕论证还是笛卡尔的论证，其本质上都是求一个无可怀疑的命题，都是求不断倒返式辩护：阿格里帕的论证是无限倒退的论证，固然求不到一个无可怀疑的命题作为出发点；笛卡尔的

"我思故我在"实质上也是不成立的。正如金岳霖所言,这种"我思"只是笛卡尔自己的"我思",只是相对于他个人的心理而言的,对于自己的"我思",对于他人并不成立。然而笛卡尔对这种责难或许可以辩护,说每个人都可以"我思",因而实质上这个问题在于"我怀疑"仍然在我的思维之中,我怀疑并不能保证我的思维存在。"缸中之脑"这个论证较之"邪恶精灵说"就更加注重了这个细节,也即我怀疑本身这件事并不能作为我思维存在的证据,它依然有可能是计算机的一段程序和指令,因而从某种意义上说"缸中之脑"的问题是无法解决的,这就如同阿格里帕的倒退论证一样,只要你提出来一个证明之见,他都会归之于链接着我大脑的那台计算机,而我是不知道这台计算机的存在的。从这两个典型的论证来看,沿着这种理路是不可能成功找到无可怀疑的命题的,最终只能陷入无限倒退之中。因此,在金岳霖看来,把寻求立于不败之地化约等于寻求无可怀疑的命题是必定会失败的,哲学家完全可以放弃寻求无可怀疑的原则,而以不能证明其假的命题为出发点,因为这两种出发原则类似于法庭上原告与被告的关系,当原告没有证据证明被告有罪时,被告就没有责任提供证据证明其无罪,只有原告提交证据证明被告有罪时,被告才会展开辩护,二者的责任和义务都是平等的。而且金岳霖认为从实际情况来看,我们所从出发的命题大都是我们尚且没有工具证明其为真的命题(即便为了寻求立于不败之地也没有必要诉诸无可怀疑原则),也即把寻求立于不败之地和无可怀疑原则作为出发原则并没有逻辑的必然性。

四、有外物

求不败之地和无可怀疑原则既然没有逻辑的必然性,而且从无可怀疑原则出发必然导致唯主的出发方式,从唯主的出发方式又无法推论和建立出外物,因而这条路子是不通的。在外物之有如何安排的问题上,金岳霖的方案就是直接肯定:一方面肯定外物之有作为一个真命题而言无法证明其假,也无法证明其不得不真,另一方面我们如果不从唯主方式出发,不坚持无可怀疑的原则,那么就没有理由不接受外物之有这一命题。这就如同承认有知识为前提而展开知识论的研究一样,知识论研究并不以知识是有还是无作为研究的出发点，而是肯定知识之有为一基本的立场，肯定外物之有也是一个基本的立场。但如果从习惯性的哲学思维出发，直接肯定外物似乎看来仍像一个独断论的判断。

为了反击这种习惯性的哲学思维，金岳霖比较了有官觉和有外物这两个命题，也就是要回答为什么几乎所有的哲学家都承认有官觉，而对于有外物则有分歧。有官觉和有外物得不到同等的待遇，主要还是由于无论是哲学家还是一般人，都会自然而然地承认：官觉总是在我的，而相对于官觉，外物总是在我之外的，外物即便与官觉同处于经验之内，官觉相对于外物而言是主体自身无法剥离的经验，而外物作为我的身外之物较之我自身的官觉而言，总是没有官觉这种亲切感，用金岳霖的话说就是我的官觉总是我拿它没有办法的事。所以，在追问何物存在的问题上，习惯性地首先承认官觉或者从官觉出发、从"我"出发，也是拿它没有办法的事。在这一点上，外物不可能享受与官觉同样的待遇，这是显而易见的。此外，如果再坚持无可怀疑的原则，那么这种拿它没有办法的事，也就只能被接受为无可怀疑的命题，而"有外物"这一命题当然不可能享受这一待遇。

但是金岳霖认为造成这种不同待遇的根本原因在于我们习惯性站在官觉者官觉的立场上，虽然我们不能不站在官觉的立场上，但是我们不能只站在官觉的立场上，只站在官觉的立场上，外物是得不到的。他要求我们对待外物，要站在外物的立场上，外物的立场和官觉的立场是平等的，如果我们承认有官觉，我们也必须承认有外物。虽然金岳霖对于外物之有绕了一圈仍然回到了立场的问题，但是我们并不认为他什么都没有说，他至少告诉我们外物之有与官觉不平等地位的根源在于人们拿官觉本身是没有办法的。这里的"拿官觉没有办法"也不是一句遁语，实质上就是人类自身对于官觉不能轻易跳出"自我中心观"的局限性，而这种局限性又造成了人们不得不习惯性地以"有官觉"为一基本立场而忽略了给予其他命题以同样的地位，"唯主方式"就是根植于人们自身观念的局限性又循着这种局限性自然生成出来的思维方式。因此，对于"有外物"这样的命题必须以基本立场的形式给予一个基础地位，只有如此，才能避免唯主的出发方式，超越"自我中心观”，真正地解决外物之有的问题。

总而言之，在金岳霖的知识论中，外物是一独立存在的外物，是日常感觉中的外物，不是依靠推理或者建立而得到的外物，“唯主方式”的道路是走不通的，而无可怀疑原则和求立于不败之地作为出发立场既没有逻辑的必然性，还会掉进无限倒退的辩护深渊中。另外，金岳霖认为无论一般人还是哲学家，之所以习惯性地以为有官觉而不给予外物以同样的地位就在于很难跳出“自我中心观”的局限性，所以要真正地解决外物问题，就必须要跳出“自我中心观”，给予外物以同样的基础地位。总的来看，金岳霖以“唯主方式”标识观念论者可谓是抓住了其核心本质，而对无可怀疑原则和求立于不败之地的出发立场的分析，则具体地挖掘出其内在逻辑理路，并于指出“自我中心观”的局限性同时展现其更深层面上陷入歧路的心理机制，又在瓦解观念论外物观的同时，站在实在论的立场上直接肯定“有外物”。这种以实在论对于西方观念论外物观的破与立，既是20世纪初期中国哲学家在认识论领域取得的重要成果，也对当下推进外物问题的研究具有重要意义。

第二节　外物的性质

外物问题不仅涉及是否“有外物”，外物的性质问题也是一个重要方面。而且对外物性质的理解不同往往会造成整个哲学体系的色彩不同，从哲学史上来看，许多哲学家在性质问题上的创见和误解直接构成了知识论的问题源头。金岳霖关于外物性质的理论一方面在避免这些问题的发生上有所贡献，另一方面也正是规避问题发生的规定本身造成了其理论的局限性。也可以说，创见有时也同时是局限，这种双刃剑的理论特点在金岳霖的性质理论中得到了充分的体现。

一、金岳霖性质理论的两个规定

关于外物的性质，在金岳霖看来，有两方面的特点：(1)离不开关系；(2)相对于官觉类。笔者把这两个特点称为金岳霖性质理论的两个规定。

所谓离不开关系是说性质必须在关系之中，没有脱离关系的性质。金岳霖认为在日常生活中，人们或许以为性质不在关系中，其实这只是人们对于日常生活中的关系过于熟悉，已经习惯了这种关系的背景。譬如从常识出发，说到颜色，人们常常会忽略它必须要依赖于光的条件，但实际上，颜色离不开光以及其他诸条件所构成的关系网。对此，他说：

> 说X有∮性质是一句非常之省俭的话，它实在是说在某一套的关系网中如果X如何则它有∮性质。这也就是说性质是有相对性的，它至少是相对于一关系网的。说X是四方的就是说相对于某一套的关系网，X是四方的，我们不盼望它在任何关系网中都是四方的。说X是红的情形同样。有些性质也许需要相当简单的关系网，有些也许需要相当复杂的关系网。就形式说，平方和立方所需要的关系网底简单和复杂程度想来就不一样，而二者所需要的也许都不如圆球所需要的关系网那样的简单。就颜色说，关系网底需要也许更容易表示些。我们一下子就想到颜色以有光为条件。这也是一句非常之省俭的话。无论如何，它已经够表示所谓颜色是在某一套的关系网中方能有的。我们对性质已经习惯于不谈到关系网，因为好些关系网在日常生活中是不大改变的环境。习惯虽如此，然而在理论上我们仍不能不注意到性质底相对性。①

站在金岳霖的立场上，他规定性质离不开关系，因而把性质看作脱离关系而单独存在的观点就成了他的批判对象。脱离了关系而单独存在的性质是从本质外物立场出发的性质理论，在本质外物立场上，“说外物单独地存在是说它不靠环境而存在，说它单独地有某某属性是说它不靠背景而有某某属性。”②举个例子说，譬如在本质外物的立场上，说“红”是红旗的性质，也就是指“红”不依赖于光、媒介、人或其他动物的官觉而单纯的就是红旗本身

① 金岳霖：《知识论》，商务印书馆1996年版，第102—103页。

② 金岳霖：《知识论》，商务印书馆1996年版，第118页。

所具有的属性。换句话说，如果没有了光、媒介、人或其他动物的官觉，这个“红”之谓“红”依然存在，这个“红”不依赖任何条件，其就是外物本身所具有的，这就是金岳霖所批判的本质外物的性质。

金岳霖虽然批判了脱离关系而单独存在的本质外物的性质理论，但他同时又承认性质具有独立感。性质有独立感与性质脱离关系而单独存在不同，性质有独立感是说“官觉对象底性质不是官觉者所创造的”：

> 所谓类型的官觉者不创造性质就是说类型的官觉不凭他底心思意志去创造官觉对象底如何如何。类型的官觉对象底如何如何只是与料而已。与料底如此如彼是与料底硬性是我们拿它没有法子办的事体。对象有此硬性方能维持它给我们底实在感。说类型的官觉者不创造官觉对象底性质也就是要保存官觉对象底硬性。[①]

这里对象的硬性不是依自不依他的硬性，这种硬性还是在关系中。所谓硬性之所以硬，在于它并不依赖于官觉者的思想意志，而是依赖于关系，该关系又包含许多条件，譬如在视觉需要有光、在嗅觉则需要有空气等。只有在此关系中的对象才能呈现为形形色色的这这那那，这一点我们从现代自然科学的知识也可以得到佐证。从视觉原理和颜色理论的研究中可知，物体之所以有颜色，是由于它对不同波长的光有吸收、反射以及透过的能力，这是物体本身的特性，所有颜色都来自物体对各种色光的反射。一般看来，太阳光和我们平时用的白炽灯似乎没有什么特别的颜色，只是一束“白光”罢了。可实际上，如果让光照射棱镜，就能够发现光包括所有的颜色。譬如一张干净的白纸，它能反射所有的色光，这些色光组合起来就成了白光，因此，才看到它是白色的。而小草之所以看起来是绿色的，是因为小草只反射光线中的绿光，同时吸收了其他色光。我们之所以能看到颜色是由于我们的视网膜里有两种感光细胞：视杆细胞和视锥细胞。视杆细胞主要

---

① 金岳霖：《知识论》，商务印书馆 1996 年版，第 104 页。

感知光线的位置和亮度，在光线的作用下，视杆细胞会产生大量神经传递素，光线越强，神经传递素就越多。视锥细胞的三个部分分别吸收红光、绿光和蓝光。每一部分根据不同波长的光的强度产生不同类型的神经传递素。紫光是红光与蓝光的混合，因而吸收红光和蓝光的部分都释放不同数量的神经传递素，而吸收绿光部分则不释放。这些“消息”传递到大脑，就“看”到紫色了。

从颜色理论和视觉原理可知，通常所说的颜色跟光、媒介、外物的反射吸收能力、人器官的接受能力都有密切关系，而不是在本质外物的立场上独立于关系的性质。颜色在官觉中的呈现，其实是光通过外物的作用反射到人眼睛里并通过视神经传导到大脑、发出视觉信号这样一个过程。因此，所谓颜色不是外物的性质，相对于人的官能接受光线，外物能够吸收或反射光线。

从另一个角度看，或许有人会说不依赖于官觉者的思想意志，但是依赖于官觉者，这是否等于间接依赖于官觉者的思想意志？这种怀疑初看起来似有理，但往内里细想并不合理。因为，所谓依赖于官觉者并不是依赖于官觉者的思想意志，官觉者只是官能活动的关系中的一环，他也必须要符合自然律，而不能违背自然律，不能因自己的思想意志而改变官能活动的整个关系。如果以官觉者是人为例，人在官能活动中并不能随意地改变人的官能活动的方式，而必须遵守自然律的安排，即使他有意地引入辅助官能活动的器材，如佩戴眼镜、助听器等，器材本身的原理亦是根据自然律的，而不能超越自然律，更不能超越和改变关系。

除了在关系中的规定之外，金岳霖认为性质还是相对于官觉类的。在这一方面，他把性质区分为既有相对于官觉类的，也有不相对于官觉类的。所谓不相对于官觉类的，实际上是尚未进入官觉活动之中，像金岳霖所说的“耳遇之而成声，目遇之而成色”里面的“之”。[①] “耳遇之而成声，目遇之而成色”的“声”和“色”是相对于官觉类来说的，是被官能所接受的、是被官觉到

① 这里的“之”并不是外物的本然性或本然的能，而是尚未被官觉到的“色”，而“色”是已经被官觉到的“之”。

的，这个“官觉性质”本身是作为呈现的感觉内容为认识者所把握。关于这二者的区别，金岳霖举了一个形象的例子：

> 牛类不能见人类所见的色是就相对于此两官觉类而说的性质；牛类见之而有某种反感，人类见之而称之为红的色是就不相对于这两官觉类而说的性质。以任何一官觉类底立场为立场，性质总免不了对于该官觉类底相对性。不谈官觉，性质只是有关系网而不与一官觉类相对待的性质；谈官觉，性质总不只有关系网以为背景而已，它总兼有与一官觉类相对待的情形夹杂其间。①

规定官觉性质相对于官觉类，把关于颜色、气味等限定在官觉范围之内，这就很好地避免了一些歧途，因为在传统的一些研究中，习惯性地从官觉性质推论外物，很容易犯以下错误。一方面，很容易站在心物二元的框架中走向观念论：譬如洛克虽然承认外物存在，但他认为颜色是由第二性质在人的心灵中所引起的观念，而不承认颜色是一种感觉内容的呈现；另一方面，很容易走向彻底的唯心论：譬如贝克莱认为“存在即感知”，以一个樱桃为例，贝克莱认为除了软的、红的、圆的、甜的、香的这些感知之外无物存在。

可以看到，金岳霖在承认外物独立存在的基础上，进一步利用“在关系中”和“相对于官觉类”这两个规定，把性质的讨论限定在官觉范围之内，这样既避免了在本质外物的立场上把性质看成脱离关系而单独存在的神秘属性，又避免了站在心物二元的框架中走向观念论或者进而沦为彻底的唯心论。这种处理方法同时也体现了金岳霖知识论的实在主义立场，他既不偏向于唯理论，也不偏向于经验论，而是坚持经验与理性并重的态度。

二、与洛克性质理论的比较

利用性质的两个规定，把性质的讨论限定在官觉范围内，虽然避免了本

① 金岳霖：《知识论》，商务印书馆1996年版，第103页。

质外物的性质观以及走向观念论和彻底唯心论的歧路，但是局限性也是明显的：金岳霖没有探讨外物的本然性或本然的能。从这一点也可以看出在讨论官觉与外物的关系以及外物的性质时，金岳霖割裂了外物的本然性与官觉性。虽然他承认不同的官觉类中的官觉外物有一个共同的本然的个体，承认外物的独立存在，但这个本然的个体同样只是作为物自体的角色出现在官觉之外的，因而他所说的“硬性”虽然不随着主观思想意志而转移，但是这个“硬性”是与料的硬性、对象的硬性，而与料之所以为与料、对象之所以为对象，就是只在官觉范围内说的，这就已经剥离了外物的本然性。

对于这个问题，我们认为金岳霖没有洛克处理得精彩。众所周知，洛克提出第一性的质(第一性质)与第二性的质(第二性质)的学说。所谓第一性质是凝性、广袤、形相、运动、静止、数目等性质，第二性质则不同于第一性质。

> secondary qua1ities——… such qualities, Which in truth are nothing in the objects themselves, but powers to produce various sensations in us by their primary qualities, i. e, by the bulk, figure, texture and motion of their insensible parts, as colours, sounds, tastes, etc. These I call secondary qualities. (John Locke: *Essay Concerning Human Understanding*)
>
> 译成中文即：
>
> 第二性质，是这样一些性质，事实上并不是作为(具体的)东西存在于对象本身之中，而只是一些能力——借对象的第一性质，即不可觉察部分的大小、形相、组织、运动等等引起我们各自不同感觉，如颜色、声音、滋味等等这样一些感觉的能力。我们把这称作第二性质。[①]

① “物体底第二性质(seconday qualities)——第二种性质，正确来说，并不是物象本身所具有的东西，而是能借其第一性质在我们心中产生各种感觉的那些能力。类如颜色、声音、滋味等等，都是借物体中微细部分底体积、形相、组织和运动，表现于心中的；这一类观念我叫做第二观念。”这是关文运 1983 年的译本。程漫红在《怎样理解和评价洛克的“第二性质”学说》(《哲学动态》1984 年第 9 期)这篇文章中认为，关文运的“这一类观念我叫做第二性质”这一翻译不妥，因为第二性质的观念是在于心中的，而第二性质是“能力”不是“观念”。这里我们采用的是程漫红的译文。

第二性质也即物体本身的能力，颜色、声音、滋味只是第二性质在主体的官能活动中引起的感觉。因而，可以看到在洛克的性质理论中，既谈到了外物的“能力”，也谈到了颜色、声音、滋味等金岳霖这里所谈的官觉外物的性质，而且认为正是作为第二性质的“外物的能力”造成了颜色、声音、滋味这些“感觉”，这就超出了金岳霖仅仅局限在官觉外物的立场上谈性质了。当然洛克进一步认为这些“感觉”是心灵中的一种观念从而走向观念论，金岳霖站在实在论的立场上把颜色、声音、滋味这些“感觉”限定在官觉范围内对观念论的批判无疑也是确当的。

实质上，之前一些哲学家在讨论性质时也把外物的官觉性当作了其本然性，由官觉呈现的不同推出外物的不一致或不同，进而否定外物的真实存在。这条理路撇开其错误的结论，其推理本身还是有问题的，问题就在于我们在官能活动中所看到的颜色、所听到的声音并不是外物的本然性或本然的能，所以不能单单从颜色的不一致而推出外物的不同一。而所谓站在本质外物立场上的性质理论，一样是错在把颜色、声音这种在官觉活动中由于主客交互作用产生的“感觉呈现”，当作是脱离关系而单独存在的外物的属性。我们知道外物当然有本然性、有能，就像人有能一样，不过人的能是主动的能，外物的能则是在关系中被动的能，但外物的能当然是外物所固有的，譬如一块石头反射光线、声音的能力，[①]不过我们不能认为它可以脱离关系而单独存在，更不能把颜色就看作是石头本身的属性。

三、与托马斯·里德性质理论的比较

在洛克稍后，常识实在论的代表人物英国哲学家托马斯·里德的性质理论也关注到了外物的能这一方面。在此，可以比较一下托马斯·里德关于颜色的理论。他的颜色理论承认外物的能与人的官觉呈现不同，不过在他那里外物的能被叫作颜色，而人的官觉呈现被叫作“感觉表象”，颜色是引

---

① 外物的本然性也并非是像本质外物的属性那样脱离了关系的单独存在，它虽然没有官觉内的关系，但是它有本然世界的联系。

起感觉表象的原因。

人类的日常语言清楚地表明,我们应该区分物体的颜色和它呈现给眼睛的表象,前者被看作是物体中固定、持久的性质,后者可以因光线、介体或眼睛本身的改变而千变万化。物体持久的颜色,是因介体、光线强弱或插入透明物的不同而产生各种表象的原因。当有色物体呈现出来的时候,眼睛或心灵会产生某种幻象,我们称之为颜色的表象。①

可见,在区分外物的能与官觉性质上,托马斯·里德与洛克是一致的。二者不同之处在于,洛克那里官觉性质被称作颜色,外物的能被称作物体的第二性质,托马斯·里德这里前者被叫作"感觉表象",而后者才被叫作颜色,这也正是二者性质理论的差异所在。托马斯·里德批评洛克等人不尊重日常语言中对于概念的使用,从而造成了哲学上本可避免的混乱。

颜色不是一种感觉,从我们已经说明过的意义上来说,它是物体的第二性质,它是物体的某种能力或效力,在充足的光线下呈现给眼睛一种表象;尽管此表象没有名称,但我们非常熟悉它。颜色不同于其他第二性质的是,性质的名称有时被赋予指示它,由它引起的感觉;而就我所知,我们从来没有把颜色这个名称赋予感觉,而只是赋予性质。②

如果我们从头到尾仔细检查,就会看出,现代哲学最奇怪的谬论(它居然被广泛地尊崇为一项伟大的发现)实际上只是词语的滥用。我所谓的谬论是指,颜色不是物体的一种性质,而只是心灵中的一种观念。③

托马斯·里德并非简单武断地下结论说颜色就是物体的第二性质或本

---

① 托马斯·里德:《按常识原理探究人类心灵》,浙江大学出版社2009年版,第99页。
② 托马斯·里德:《按常识原理探究人类心灵》,浙江大学出版社2009年版,第101页。
③ 托马斯·里德:《按常识原理探究人类心灵》,浙江大学出版社2009年版,第101—102页。

然的能，在他看来这有日常语言的根据。他分析了作为基础的日常心理习惯的机制，认为在人们的心理活动中，譬如想象一种颜色时，“颜色”这个概念其实是一个复合概念，既包括“未知的原因”，也包括“已知的结果”，也即颜色这个“名称”只属于原因不属于结果，但因为原因和结果结合得非常“紧密”，而且原因是未知的，所以只有通过与已知的结果（表象）联系起来才能形成对性质（颜色）有清楚的概念。当想象到一种颜色时，作为性质的、原因的颜色必须依赖于和作为结果的表象联系起来，才能使想象“具体”，也就是说使“象”能够被想出来。他举例说，当我们想到红色和蓝色时，如果只是把红和蓝看成未知的性质，那就无法分辨红和蓝，由此，必须借助于呈现在视觉中的表象，把红色和它所造成的视觉表象联系起来形成具体的红的想象，把蓝色和它所造成的视觉表象联系起来形成具体的蓝的想象，这样才能够在想象中区分红和蓝，但是由于通常情况下原因和结果结合得如此紧密，所以很容易把它们俩当成一个东西。

通过对想象的心理机制分析，托马斯·里德认为“物体的颜色”“这个是红的”“那个是绿的”这是指外物本然的能，外物的官觉性在他的概念体系中只是“感觉表象”，而作为感觉表象一开始没有名字。对此，他解释说把物体的性质（原因）而非把感觉表象命名为颜色，是由于表象变化多端、难以把握，而且表象的作用只被当作引起它所指的外物的符号，我们只是由于造成表象的原因和表象很难分开，而以原因的名字称呼作为结果的表象。在这一点上显然和金岳霖以及众多知识论者是背道而驰的，一般认为表象或官觉活动是重要的认知窗口，由这个窗口人们才能展开对知识的追求。所以，即便从常识来看，人们也不可能对表象不注意或没兴趣，更不可能首先关注引起表象的——作为未知原因的物体之能力，而忽略表象。但托马斯·里德认为，常人就是如此思维的，而哲学家讨论之中的颜色概念是后起的概念，是对颜色的错误使用。不仅如此，托马斯·里德还认为“物体的能力”与“感觉表象”之间具有因果关系，前者被他称为因，后者被他称为果。洛克虽然没有使用因果的概念，但他同样认为第二性质是借对象的第一性质即不可觉察部分的大小、形相、组织、运动等引起我们各自不同感觉，如颜色、声音、滋味等这样一些感觉的能力。可是在金岳霖关于性质的讨论中根本就没有“外物的能”这个概念,而是侧重从主体性的角度来谈,虽然也把性质限定在关系中,但主要是从官觉的角度谈“性质”。局限在官觉类的相对性中,无疑避免了观念论或彻底的唯心论对于官觉性质的错误推论,但却忽略了外物本然的能。

总而言之,金岳霖通过建立“在关系中”和“相对于官能类”这两个规定避免了传统认识论探讨性质时从本质外物的立场出发,又避免了站在心物二元的框架中走向观念论或者进而沦为彻底的唯心论。但是,相比于洛克和托马斯·里德的性质理论,他虽然承认外物的独立存在,但由于局限在官觉外物的范围内讨论性质问题,也就分离了外物的本然性和官觉性的联系。

第三章　所与问题

第一节　能与所

在金岳霖的知识论中，首先面对的是从什么地方论起的问题。因为知识论的对象是知识，知识又来源于耳闻目见，耳闻目见就是官觉活动，有官觉活动就有官能与对象（所），所以最初就要从区分能、所，以及分析能、所的关系，从而确定从能抑或从所开始。

能是有官的个体的能，是官觉者的能，能的具体表现是觉，或是正觉，或是错觉等，而所是觉的内容或对象。这与心物二分的做法不同，从官觉开始，这就避免了陷入心物二分的模式而走向一端。官觉活动通过官觉把官觉者、外物连接起来，既不把知识完全看作"人为自然立法"，也不把知识看作符合外在世界为标准。从具体的官觉出发，正是从知识的活动、知识的行为出发。官觉又包括官能、官觉内容和官觉对象，就要分析是从官能出发，从官觉内容出发，还是从官觉对象出发。

能与所是相对的概念，能分为官能与心能。以"视 x 可以见一纸烟，听 y 可以闻警报"为例，视、听就是官能，见闻就是心能，x、y 就是官能的所，烟和警报就是心能的所。

就能与所的关系而言，心能不是官能的所，例如："我可以看他人探望与欣赏对面的山，我不能看他底心能。"[①]官能可以是另一官能的所，例如："我

---

① 金岳霖：《知识论》，商务印书馆 1996 年版，第 22 页。

可以看他人底‘看’，或以他人底‘看’为主要活动的事体；这就是说我可以看‘看’。”[①]但是官能不能是它自己的所，“所谓官能不是它自己底所不是说官能不是有此官能者底所；显而易见一个人可以观察他自己底官能，这里说的只是某一次的官能不是该一次的官能底所而已。”[②]

官能可以是官能的所，也可以是心能的所，但是把官能当作所为研究对象不是知识论的工作，是生理学、生物学的工作，“研究官能有生物生理心理化学方面的问题。官底结构，能底作用及结构中各部分底的关系等等大都是生理方面的问题。”[③]而“以心能为研究或知识底对象，心能也是所。……研究它应该是心理学家底事，心理学家对于心能所有的知识是科学知识……心理学不是知识论，它本身虽是知识而它底研究对象不是知识。”[④]由此在金岳霖看来直接以“能”为研究对象的一般不是知识论所研究的内容，所以知识论从何处开始就转向了所，所是觉的内容或对象。就官觉而言，就是官觉内容与官觉对象，从常识的角度看，“我们对于对象底实在感比较大些，可是对于内容也许觉得亲切感深些。在日常生活中我们也许根本就不分别这两种所，或两种现象。果然如此，我们当然不至于有不同的感觉。从知识论底立场说，我们不能不分别这两种现象。”[⑤]官觉内容与官觉对象对于一般人的日常经验而言的确没有区分，也没有必要区分，因为他们不做认识论的考察。如果站在认识论的立场，内容与对象都是所知，官觉者是能知，认识论或知识论就是要考察能知与所知的关系，以及知识的来源问题。

金岳霖既然抛弃了从能知开始，当然剩下就是所知，也就是所。关于官觉内容与官觉对象，在金岳霖看来，对象就其之为对象的对象性而言，的确在官觉之内，但就其存在本身而言，的确在官觉之外，而且“注重普通所谓经验我们不能不承认对象者底形色状态，就某一意义说，都是在官觉之外的。

---

① 金岳霖：《知识论》，商务印书馆 1996 年版，第 22 页。
② 金岳霖：《知识论》，商务印书馆 1996 年版，第 22 页。
③ 金岳霖：《知识论》，商务印书馆 1996 年版，第 23 页。
④ 金岳霖：《知识论》，商务印书馆 1996 年版，第 23 页。
⑤ 金岳霖：《知识论》，商务印书馆 1996 年版，第 24 页。

注重普通所谓经验就是注重耳听目视及耳闻目见。注重这些就是注重官觉及直接呈现于官觉之内的"[①]，从耳听目视及耳闻目见来看，对象的确无法全部呈现在官觉经验中，那些无法呈现在官觉中的对象的部分就在官觉之外，而且就其独立性本身而言，也是在官觉之外的。也正是从这两个方面来说，官觉对象总是至少部分的在官觉之外，很显然在金岳霖看来，"从好些方面着想，对象者在官觉或官觉事实之外，我们不便从对象说起"[②]，不能从对象说起，就只剩下内容了。而且选择从内容出发，最主要的好处是官觉内容亲切直接，"日常所说的'红'成'绿'是大多数人所常常直接经验过的，所以可以用'红'与'绿'去形容或分析的官觉内容也许不必直接经验就可以传达"[③]，但是"形容香蕉味求传达于未曾嗅过香蕉的人至少是非常之不容易的事"[④]。

在金岳霖看来寻找知识的来源就必须从知识的发生论起，知识可以分为直接知识和间接知识，追问知识的缘起当然首先要注重直接的知识而不是间接的知识。因为间接的知识来源于直接的知识，直接的知识又来源于直接的官觉经验，而直接的官觉经验中官觉内容最亲切，这个最亲切的官觉内容实质上也就是具有对象性的官觉对象，"只有对象者底对象性或对象质（关系质）是直接的"[⑤]，其他那些不具有对象性的对象的部分只有通过对象性的部分来间接地把握，这部分对象性的外物并不直接为官觉内容提供材料。

总的来看，金岳霖的能所理论有这几个比较突出的特点：一是官觉对象是所，官觉对象都是被知者，但被知者并不都是官觉对象，在金岳霖看来被知者包括官能所不能及的微观世界，所是进入到官能活动中的对象，但未进入官能活动中的外物不是所。二是所包括内容的所和对象的所。三是从

---

① 金岳霖：《知识论》，商务印书馆 1996 年版，第 26 页。
② 金岳霖：《知识论》，商务印书馆 1996 年版，第 26 页。
③ 金岳霖：《知识论》，商务印书馆 1996 年版，第 26 页。
④ 金岳霖：《知识论》，商务印书馆 1996 年版，第 26 页。
⑤ 金岳霖：《知识论》，商务印书馆 1996 年版，第 26 页。

内容的所出发，也就是从官觉内容出发，而不是从对象的所即具有对象性的整个外物出发，因为他认为“从好些方面着想，对象者在官觉或官觉事实之外，我们不便从对象说起”，他承认有外物，但外物并不完全在官觉之内，这与传统的知识论处理问题的方式有相似之处。例如，康德虽然也承认外物的存在，但论知识的发生也不从外物说起，因为在他看来外物是物自体，他从外物作用于感官所产生的现象论起，也即在官觉面前的表象外物，这无非也是从感觉内容论起。以上是金岳霖的能所理论，可以对比一下王夫之的能所理论：

> 境之俟用者曰“所”，用之加乎境而有功者曰“能”。“能”“所”之分，夫固有之。释氏为分授之名，亦非诬也。乃以俟用者为“所”，则必实有其体；以用乎俟用，而以可有功者为“能”，则必实有其用。体俟用，则因“所”以发其“能”，用，用乎体，则“能”必副其“所”。体用一依其实，不背其故，而名实各相称矣。①

在王夫之这里，所是对象化的外物即“俟用者”，但同时“实有其体”，即作为“体”同时保持着其自在性。这与金岳霖从内容的所出发，因非对象的外物部分的自在性而回避从对象的所谈起的态度是不同的。

作为金岳霖的弟子冯契无疑注意到了这一点，当然他的唯物主义感觉论在这一方面也受到王夫之等传统哲学家的影响，他认为感觉是外界对象引起的，但作为唯物主义的哲学家，对这个问题的关注点在于如何解释感觉对象（对象化的外物的一部分）既与感觉内容同一，又是造成感觉内容的原因，对此问题他求助于中国传统哲学的体用不二的理论：

> 问题在于因果性作如何的解释，不能形而上学地把因和果割裂开来。古代哲学家已经看到这个问题的困难性，中国哲学家是用“体用”

① 王夫之：《尚书引义》卷五，载于《船山全书》（第二册），岳麓书社 1996 年版，第 376 页。

的范畴来解释，如范缜用“体用”范畴解释“形神”，王夫之用“体用”范畴来解释“能所”。精神是形体的作用，同时人的认识以物为实体、根据，即颜元说的“知无体，以物为体”（《四书正误》卷一）。人的认识一方面是头脑的作用，同时又以客观对象作为根据，因此，作为对象的“所知”，和作为内容的“所知”是同一的。[①]

这样无疑形神、能所在体用范畴的解释下有机结合起来，既具有同一性又能够解释因果性，冯契由此提出他的唯物主义的感觉论：

一方面，就“神”是“形”的作用说，“凡同类同情者，其天官之意物也同。”（《荀子正名》）即同属于人类，具有同样的感官，在同样的条件下对同一对象有同样的感觉（当然这里是指正常的人，正常的感官）。另一方面，就知以物为体说，在同样条件下的同类的正常感觉，感觉的客观内容和感觉的对象是直接同一的。[②]

站在唯物主义的立场上，冯契可以说些超越官觉外物的话，因此与金岳霖不同。在金岳霖那里，所谈的呈现与对象的关系是在官觉范围之内说的，外物的自在性在金岳霖的官觉那里是悬置的。因为对象或外物的自在性或独立存在性的一面在官觉或官觉事实之外，而金岳霖既然局限在官觉范围内讨论，那么他就一定会回避自在性。但是冯契谈到了自在之物，他认为“呈现与自在之物没有原则的区别”[③]，但有形式上的差别。所谓原则上没有区别，是从内容上讲的，“呈现就是自在之物的属性”[④]，“感觉的内容，无非是呈现在感官之前的客观事物，红颜色就是 760 nm 的光波，紫颜色就是

① 冯契：《逻辑思维的辩证法》，华东师范大学出版社 1996 年版，第 46—47 页。
② 冯契：《逻辑思维的辩证法》，华东师范大学出版社 1996 年版，第 47 页。
③ 冯契：《逻辑思维的辩证法》，华东师范大学出版社 1996 年版，第 48 页。
④ 冯契：《逻辑思维的辩证法》，华东师范大学出版社 1996 年版，第 49 页。

390 nm 的光波，人尝到咸味就是盐本身的特性，感觉的内容和对象是一回事。"[①]所谓形式上的差别也即"呈现是在感觉形式下的自在之物"[②]，"红黄绿紫等颜色，甜酸苦辣等味道，当其作为感官之前的'呈现'而为人们所意识时，已经取得了主观的形式。所以'呈现'和自在之物又有形式上的差别。"[③]

冯契这里讨论感觉对外物的把握时，不仅在官觉范围内谈，而且在官觉范围外谈，不局限于仅仅从内容的所出发，自在独立的外物与官觉活动并没有一道鸿沟，其差异性不过表现在形式的不同上。因此，虽然冯契的感觉论继承了金岳霖的知识论的某些说法，但是在涉及外物的自在性上并没有金岳霖那么谨小慎微。当然，这是由于二者的立场不同。金岳霖是站在朴素实在论的立场上，虽然承认外物的独立存在，但在知识论中他要在正觉范围之内，而自在性在正觉之外，所以他不考察；冯契则是站在唯物主义的立场，首先承认外物的客观实在性。所以金岳霖从内容的所谈起，而冯契当然要谈到外物的自在性。

第二节　所与理论

所与是金岳霖知识论中的重要概念，它是所有的知识的材料。在金岳霖的知识论中"所与是客观的呈现"是一个重要命题，"以经验之所与还治所与"是一种重要方法。

关于所与与正觉、外物、呈现的关系，金岳霖说：

> 我们称正觉底呈现为"所与"以别于其他官能活动底呈现。所与就是外物或外物底一部分。所与有两方面的位置，它是内容，同时也是对象；就内容说，它是呈现，就对象说，它是具有对象性的外物或外物底一

---

① 冯契：《逻辑思维的辩证法》，华东师范大学出版社 1996 年版，第 48 页。
② 冯契：《逻辑思维的辩证法》，华东师范大学出版社 1996 年版，第 48 页。
③ 冯契：《逻辑思维的辩证法》，华东师范大学出版社 1996 年版，第 48 页。

部分。内容和对象在正觉底所与上合一;在别的活动上这二者不必能够合一,例如我想象在伦敦底朋友时,内容是一事,对象是另一件事。就所与是内容说,它是随官能活动而来,随官能活动而去的,就所与是外物说,它是独立于官能活动而存在的。大致说来,所与不是一整个的外物而只是一外物底一部分。这一点前此已经提及。但是我们要注意所与虽然只是外物底部分,然而它仍是独立存在的外物。①

这里值得注意的有三点:一是正觉的内容和对象同一,也就是所与。二是正觉能够直接把握外物,无需借助任何中介。三是所与的客观性。我们先通过与新实在论和张东荪、牟宗三的所与理论比较来讨论前两点。

一、与新实在论、张东荪、牟宗三的所与理论的比较

新实在论的直接呈现说有类似的观点:

关于被认识的事物和对事物的认识两者的独立性这个学说,直接和密切地联系着另外一个专门学说——知识发生时呈现在心中或心之前的是知识的内容,它们在数量上是和被认识的事物相等同的。这里并不否认通过媒介而得的知识,但把它从属于直接或呈现的知识。知识的媒介并不是在性质上或实质上和其他一切实有体(entities)殊异的,事实上并没有这种特别一类的实有体。归根到底,一切事物的被认识,都是通过它们本身被放置于那种被称为是受到直接感觉或感知的关系中间。换句话说,事物在受到意识的作用时本身就变成了意识的内容;因此,同一个事物既出现于所谓的外在世界中,又出现于内省所显示的集合体中。②

---

① 金岳霖:《知识论》,商务印书馆1996年版,第130—131页。
② 霍尔特编:《新实在论》,商务印书馆,1980年版,第41页。

新实在论认为感觉直接能够把握外物，不需要任何作为实体的（或者观念的[①]）中介，但与金岳霖的所与论不同。首先，这里新实在论使用的是意识（consciousness），这一概念较为宽泛，不仅包括金岳霖知识论中的正觉，也包括梦觉、幻觉，可以等同于广义的感觉；其次，新实在论把握的外物是本然的外物，金岳霖则承认外物的独立存在，虽然他的所与论把握的外物是在官觉范围内谈的官觉外物，但他同时认为官觉并没有外物的独立实在性，而新实在论则有意识物理化的倾向，杨国荣在《从严复到金岳霖》一书中指出了这一点：

> 新实在论由肯定感觉内容与对象的同一，又进而表现出忽视二者区别的倾向。在他们看来，如果把意识与外物视为两种存在那便是一种二元论，因而他们常常把感觉内容与对象的一致理解为外物直接进入意识，如培里即认为“当事物被认知时，它们就是心灵的观念。它们可以直接进入心灵，而当它们进入心灵时，它们就变成了所谓观念”（培里：《现代哲学倾向》，第 300 页）。如果说，贝克莱的“存在即被感知”说实质上将存在（外物）意识化，那么，新实在论的如上观点则在某种意义上将意识现象物理化，或者说，将感觉同化于外物（客体）。这一点，在蒙塔古的如下论述中，表现得相当明显：“一切从知觉上被经验的客体（感觉材料），都享有其现实的物质实在的地位”。（蒙塔古：《认识的途径》，第 292 页）后来的批判实在论曾把新实在论的如上看法称之为泛客观主义，认为其特点在于把精神的内容变成存在的实体，这种批评并非毫无根据。[②]

意识的物理化在不同的新实在论者那里也有所差异，以美国的新实在论者霍特尔为例，他提出物灵论这种学说主张：

---

① 托马斯·里德的常识实在论批判的也是观念论。

② 杨国荣：《从严复到金岳霖——实证论与中国哲学》，高等教育出版社 1996 年版，第 130—131 页。

意识是在一个空间或时间的某一事物的潜能的或蕴涵的存在，而该事物并不现实地出现于这种潜能的或蕴涵的存在中。①

一切物质都充满着某种认识作用；主张每一客观的事件都有超越自我的对其他事物的蕴涵作用，这种蕴涵作用当它以在我们的脑过程发生的那种水平发生时，我们称之为意识。②

我们可以把神经系统的感觉机制与一般的原生质的单纯生命机制略作比较如下：原生质是摄取、消化、再生产和分泌物质以及与物质相结合的化学能的器官。另一方面，神经系统直接就获得纯粹的能。在知觉、记忆、想象与反应中，它是在分别地摄取、消化、再生产和分泌那些从物质中分解出来的自由的能，这些能在各种不同的振动形式中从外部的对象通过感觉的纽带而达到脑，在脑中借助于它们的蕴涵而构成关于对象的意蕴，并从而使对外界环境的有意识、有目的的适应成为可能，这个外界环境在时空中无限地超出于单纯化学的和机械的接触的领域之外。③

但他同时又表示“既不把物理法则人格化，也不把人的精神活动还原为一种盲目的、机械的过程”④。亚历山大认为“我毫不怀疑叫做我的意识的这个东西是存在的，也不怀疑它是心理的活动。但是在性质上它并非不同于我所意识的蓝、绿或太阳”⑤，皮特金认为“有机体把这些被选的对象投入认识的领域，和把它们投到视网膜上是同样的物理作用”⑥。相对而言，霍尔特在这一点上表现得更为强烈，他的证据主要是引用神经生理学方面的研究

① 霍尔特编：《新实在论》，商务印书馆 1980 年版，第 282 页。
② 霍尔特编：《新实在论》，商务印书馆 1980 年版，第 284 页。
③ 霍尔特编：《新实在论》，商务印书馆 1980 年版，第 285—286 页。
④ 霍尔特编：《新实在论》，商务印书馆 1980 年版，第 286 页。
⑤ 霍尔特编：《新实在论》，商务印书馆 1980 年版，第 429 页。
⑥ 霍尔特编：《新实在论》，商务印书馆 1980 年版，第 429 页。

成果，认为一般的视听触嗅觉是由于外界刺激通过神经冲动传导到大脑中产生的结果，不仅如此，而且梦觉、幻觉也是由于神经冲动的结果，也是客观存在的：

> 一个人睡在或许比棺材大不了多少的柜子里，他的梦中生动地出现了色、声等等，实在论怎么敢于断言这些东西是实在的呢？我说，实在论可以这样主张，因为神经系统，即使未受外面的刺激也能在它本身中生出具有那样频率的神经流，其密度因素和在通常身体表面刺激中的密度因素相同。要注意，我没有说神经冲动的密度因素就是第二性质：某种比较原始的感觉系列的密度才是第二性质；神经冲动或许也有这样的密度，正如赫兹波和许多其他的东西也有这密度一样。[①]

但同时，他也承认梦觉、幻觉的这种客观存在并不是像外物一样占据时空的位置，而是如镜像中的空间，但这种空间同样是客观而且普遍地存在：

> 神经系统特殊地对一个空间的物体作反应，如果它使身体接触那个物体、指向它、摹仿它，等等。它对在一特殊物体"上"的一种第二性质作反应，首先须通过类似于对这个特殊颜色而不是对其他颜色所作(生理上很复杂的)反应。事实似乎表明，后面这件事之所以能够做到，是由于神经能够依照这种颜色通过居间的空间所送出的振动，以同样的频率传送一种神经的冲动。如果神经系统能够接受这些振动而予以传送，它就能对它们作特殊的反应；否则就不能。这样把颜色或性质纳入神经系统中去，恰恰等于存在于居间的空间中的同周期或同密度的以太或空气的振动把这些性质纳入于居间的空间。我们很难相信一朵花的颜色填满了花与眼之间的空间：同样，它也不填满或进入末梢神经和脑壳。对之作反应的实有体是在那儿的颜色；此中有两个因素包

① 霍尔特编：《新实在论》，商务印书馆 1980 年版，第 347 页。

括两个反应的因素;但是在那儿的那个颜色是在意识中的东西被神经系统的特殊反应所选择出来而这样包括它的。那么意识是在对之作特殊反应的东西所在的那儿。在幻觉的事例中,对之作反应的颜色、形状和位置固然不在"真的空间"中,如我们惯常这么说的;但是它们是在在一切方面像镜中的空间的空间中,而这种空间是同样地客观的。[①]

之所以霍尔特有这么强的意识观念,主要是由于他的感觉学说是建立在"神经冲动理论"(暂且以之称谓)的基础上,神经冲动理论是当时根据神经系统来解释感觉在生理学方面的最新研究,这种理论强调知觉神经的冲动呈现为一种周期性的波动,感觉的性质是靠振动的神经冲动传达到脑,而且神经冲动的振动率和外界刺激的速率是相应的,在这方面正好可以回答他所批评的"神经特殊能力理论"所无法解决的特殊能力差异性的来源问题。所谓神经的特殊能力理论是约翰·缪勒提出来的,依据两种生理实验现象,第一,幻觉的视觉现象或一般因神经中枢受刺激而产生的心理过程,所谓幻觉的视觉现象就是说呈现在幻觉中的视觉现象并没有任何神经末梢的刺激,而只是"神经中枢所引生的感觉和映像"[②];第二,"有些神经受到异乎寻常的刺激所激动的时候,产生出来的感觉仍旧像受平常或'适当的'刺激时一样"[③],这里的异乎寻常的刺激类似于不通过神经末梢的刺激(譬如日常对于光源的接受)而直接对神经中枢的刺激。缪勒借此认为"只有神经纤维"或"大脑中枢神经的特殊能力(后者是近代的见解)才有力量在心灵中激起第二性质,虽然它本身没有类似第二性质的东西"[④]。由于缪勒希望以这种"特殊能力说"来证实康德的形而上学,所以霍尔特讽刺这种特殊能力学说是康德的范畴学说的生理学副本。霍尔特指出特殊能力学说所面临的困难在于:

① 霍尔特编:《新实在论》,商务印书馆 1980 年版,第 349 页。
② 霍尔特编:《新实在论》,商务印书馆 1980 年版,第 311 页。
③ 霍尔特编:《新实在论》,商务印书馆 1980 年版,第 312 页。
④ 霍尔特编:《新实在论》,商务印书馆 1980 年版,第 313 页。

> 神经生理学还未能发现特殊的神经能力的痕迹。所有神经冲动似乎"性质"相同，只是强度不同：知觉神经的冲动甚至和运动神经的冲动也没有什么不同。然而这问题仍旧是：心如何能受性质上相同的神经冲动的影响而有不同的感觉方式呢？这不仅是了解中枢引起的幻觉和被反常的、"不适当"的刺激产生的正常感觉问题，而且是一个意义更广泛的问题：任何物理的刺激，无论正常的或反常的，如何能产生性质不同的感觉，因为刺激间的不同，波长或振动率的不同在到达大脑途中，已经在显得完全相同的神经冲动中混合而消失了。①

不仅如此，霍尔特又接着追寻并否认了这种特殊能力来源于"神经原纤维的不同""大脑皮层细胞的差异""神经细胞之间的突触之间的差异"，因为根据生理学的实证研究，在这方面并没有发现有什么差异。而孟斯特伯的"行动学说"也是失败的，行动学说认为"在神经细胞的冲动和心中的第二性质之间的关联被设想为一对一的关联，在神经的基础中除了空间位置差别外没有提示其他的差别"，这无疑又是预订和谐论的生理学版本。霍尔特最终选择接受"神经冲动理论"，他把原始的实有体的密度看成是第二性质的感觉，认为在心理的和物理的元素之间没有实质性的差异：

> 把原始的实有体——它的密度构成一种第二性质——叫做"感觉"，我不在任何方式下意指在脑壳中的东西，也决不意指在本质上是心理的或主观的东西。对于内省本身来说，这个单纯的实有体是象任何其他东西一样是客观的；它其实比一个具体的物体如贝壳或化石更单纯些，因此或许似乎更抽象些。但是它具备其他抽象的东西如点与数的(这些东西也像满布星斗的天空是非主观的一样)所有的客观性。……心灵和物质是同一种质料构成的，在各种密度的集合体之中

① 霍尔特编：《新实在论》，商务印书馆 1980 年版，第 313—314 页。

> 构成第二性质的小的实有体和构成物体的小原子是相差不远的，在实质方面简直毫无区别。[①]

所谓的密度就是振动的周期律，但他同时强调这种原始的实有体的密度不是神经冲动的密度，而是“原始的感觉系列的密度”，也就是我们日常接受外物刺激的那种振动的周期律，譬如视听触嗅官能活动中的振动。而这种密度——振动的周期律正是他用来解释梦觉、幻觉为客观实在的理由。

所以，我们可以看到新实在论在意识物理化方面有强有弱，但都试图给予意识以外物的实在性。而在金岳霖的所与理论中，感觉内容不是实体，他提出所与是客观的呈现，所与有两方面的位置，感觉内容与感觉对象合一于所与，感觉内容并不是实体外物，“就所与是内容说，它是随官能活动而来，随官能活动而去的，就所与是外物说，它是独立于官能活动而存在的。”[②]因此所与能穷尽并兼有内容的内涵，但内容不能穷尽所与的内涵，内容虽然与对象化的外物在正觉的所与上合一，但是内容并没有所与作为外物一方面时的独立性，外物在这里也有两个立场，“一个立场是独立存在的外物底立场，一个是正觉关系集合中的关系者底立场”[③]，但这两个立场上的外物是同一个个体，与内容合一的外物是正觉关系集合中的关系者的立场的外物，这个外物是对象化的外物，它当然也不能穷尽所与的内涵，它不能抛弃它独立于官能活动的实在性而等同于内容，而所与可以穷尽它的内涵，在所与上具有独立于官能活动的实在性，它又同时是感觉的内容。

以上是内容的不同点，在研究的进路方面，二者差异则是根本性的。新实在论的所与理论以感觉的神经生理学的科学认知研究为基础，金岳霖的所与理论则是在哲学分析的范围内，以推理论证为主要手段，这无疑和实证性研究有着根本不同。就新实在论的科学认知的研究进路来看，这实际上是自认识论转向以来，对笛卡尔式的以科学实证为基础的认识论研究进路

---

① 霍尔特编：《新实在论》，商务印书馆 1980 年版，第 350 页。

② 金岳霖：《知识论》，商务印书馆 1996 年版，第 130—131 页。

③ 金岳霖：《知识论》，商务印书馆 1996 年版，第 135 页。

的继承,而不同于把哲学分析和科学研究相剥离的纯粹概念分析的认识论研究路径。

结合中国哲学的情况来看,与金岳霖同时代也有不少哲学家对于所与有独到见解。譬如冯契也谈道:

> 感觉的内容,无非是呈现在感官之前的客观事物,红颜色就是760 nm的光波,紫颜色就是390 nm的光波,人尝到咸味就是盐本身的特性,感觉的内容和对象是一回事。[①]

冯契认为感觉内容与外物是同一的,而在金岳霖那里表达得则没有这么强烈,金岳霖只承认具有同一性的是呈现(正觉内容)和对象性外物的一部分(正觉对象),而不是整个的外物。

另外,张东荪和牟宗三也专门讨论过所与。在张东荪那里,所与有三种形式:

> (1)直接的——感相(sense);(2)背后的——条理(order);(3)心理的,它又分唤旧的(mnemonic)"所与"——联想,知觉上的"所与"——预见(prediction)或省略的"所与"(elliptical given),概念上的"所与"——习惯的解释(traditional interpretation)三种。[②]

我们以为感相的所与和条理的所与,来和金岳霖的所与论相比较。

首先谈感相。在张东荪这里,感相就是感觉。关于感相,张东荪认为它既不是外物,也不存在于心灵内,是个中间物,但并不存在于世界上,跟幻觉

---

① 冯契:《逻辑思维的辩证法》,华东师范大学出版社1997年版,第48页。

② 刘爱军:《所与与知识论中的基础主义——兼论牟宗三的知识论前提思想》,《中共南京市委党校学报》2009年第3期。

差不多。[1] 他为这种观点找到两个实证的例子以为辩护：

> 德国生理学家约翰·弥勒在实验中发现，用同一束电流刺激人脑的不同感官区位可以形成不同的感觉。例如，刺激眼睛会引起闪光的感觉，刺激耳朵会引起音响的感觉。他由此得出结论说：外界刺激与主观形成的感觉是不同的两回事。张东荪以为这种说法可以印证他的观点。他说："感相之'非存在'于心理学上可以证明，最近阿德邻发现所有的神经传流都是一样，而到了里头乃竟分色声香暖等不同。"第二点根据是批判实在论者德莱克提出的"视觉差异"说。德莱克认为，对于同一个对象，不同的人会形成不同的感觉，即使同一人处的位置不同也会形成不同的感觉。例如，面对一块悬挂着的红绿相间的格布，站在近处看，形成红绿相间的印象；若站在远处看，看到的却是一片紫色。这两种不同的感觉，究竟哪一种同对象相符合呢？不得而知。可见，不同的感觉不是由对象引起的，而是由观察者自己造成的。张东荪很同意德莱克的观点，并加以发挥说："我们常人看花是红的，而色盲的人看却是紫的。其实这样的感觉对于本人都是真的。"在他看来，感觉因人而异，因时而异，因地而异，并不是由外界事物作用于人的感官形成的，而是"由我们产生出来的"，足见感觉是"非存在者"。[2]

这两个例子并不能够佐证张东荪的观点。首先，第一个例子是为驳倒感觉内容等同于对象性的外物以及感觉如外物一样硬性的"存在"，他引入了科学的官觉论。从科学角度看，人眼能看清物体是因为经由物体所发出的光线进入眼内折光系统发生了折射，视网膜上的感光细胞将光刺激包含

---

① "在认识论的多元论看来，感相虽是'所与'，而却决不表示外物。其本身并非在外界的'存在者'(the existent)。但亦非存在于心内。他是一个中间物，而不存在于世界上。这正和所谓幻相(illusion)，在性质上差不多。"(张东荪：《认识论》，商务印书馆 2017 年版，第 34 页。)

② 宋志明：《评张东荪的多元认识论》，《中国人民大学学报》2002 年第 4 期。

的视觉信息转换成神经信息，经视神经传入至大脑视觉中枢从而产生视觉。因此视觉可分为物体在视网膜上成像的过程，以及视网膜感光细胞如何将物像转变为神经冲动的过程。而约翰·弥勒在实验中把视和觉剥成了两段，也即视觉本来包括视网膜成像以及大脑对于视网膜成像的感知。但是约翰·弥勒在实验中利用电流模拟了光通过视杆细胞和视锥细胞转化成的电子脉冲，大脑只对一个不是光在视网膜成像的信号做出了反映，所以即使视网膜上产生闪光的感觉，这种信号也不能完全称之为视觉信号。因为它并不是光通过视网膜成像，然后通过一系列反应形成视觉信号，在这个模拟的案例中只有觉，没有视，或者是以电流模拟了视转换成的电子脉冲，所以这不能算是完整意义上的视觉信号，更谈不上视觉，这只是一种刺激。

第二个例子较为简单，人的视觉能力总是有限度的，过远的距离超过了人的视觉分辨能力，红绿模糊成了一片，也就成了合成色紫色（似乎应该是红蓝，红绿合成黄色），而且如果再远估计只能看到一个小黑点了，这并不能说是不同的感觉。而张东荪演绎的色盲问题，可以用金岳霖的“正觉是相对于官觉类”的命题来解释。所以，这两个例子都不能支撑张东荪“感觉不存在”的观点，张东荪意味上的存在是相当于“外物”的“存在”这个层面上来谈的，同时他否定感觉的客观存在，认为如幻觉一样，这是把感觉归为“心”的一方面，与金岳霖把所与归为“物”的一方面的确不同。张东荪从取消外物的对象性也能产生觉从而否认感觉（所与）等同于对象性的外物，在这一点上与金岳霖认为正觉内容（所与）即是外物的理论正相反对，但是从以上分析可知张东荪的例证并不能支持他的观点。

其次，张东荪还认为所与是背后的——条理（Corder）。他认为感相虽不存在，但是感相与其背后的东西却有相关变化：

> 感觉既是一种非存在者。不过这种非存在者却又好像有权强迫我们，使我们不能自由，而其实并没有外界性。①

① 张东荪：《认识论》，商务印书馆 2017 年版，第 47 页。

现在我于一方面认定感相是不存在者，而于他方面则不能不认这个非存在的感相与其背后的东西有相当的相关变化。认识的多元论于是主张外界的存在不是感相，乃只是这个相关变化。[①]

从而认为人之所以知道外在世界就是通过感觉与外在世界的相关变化，这个相关变化给感觉提供的是条理而不是质料：

所以认识的多元论主张只在这个相关变化上外界的存在乃能显示于我们的心上。而这个相关变化不是质料而却是方式。换言之，所与于我们的不是内容而是条理（即秩序）。再详言之，我们的感觉内容不是所与，而感觉所以变化之故却是所与。[②]

关于外在世界的条理，张东荪说：

外物所有的条理是否尚有若干，我们简直无从知道，好像一重很厚的帘幕，阳光射上，不能全透。这三种（原子性、连续性、创变性）便好像在这个帘幕上所透入的一些微光。除此以外，实在无法再透了。[③]

所谓原子性[④]与连续性[⑤]相对，指外界的可分性，而不是指可以还原的

---

① 张东荪：《认识论》，商务印书馆 2017 年版，第 35 页。

② 张东荪：《认识论》，商务印书馆 2017 年版，第 36 页。

③ 张东荪：《认识论》，商务印书馆 2017 年版，第 44 页。

④ “须知所谓原子性只是在构造上有原子的性质而已，并非说外界确有原子其物。不但没有原子，并且亦没有电子，没有波子。所有的只是外界的构造上有分为若干单位的可能性罢了。……凡是我们的对象，不拘是物质，是生命，是心理，总是都具有这种原子性的条理。”（张东荪：《认识论》，商务印书馆 2017 年版，第 38—39 页。）

⑤ “我以为外界的条理固然有分断可能的原子性，然同时亦有不断可能的连续性。前者是说一个东西可分为若干小块；后者是说虽分为若干小块而依然只是整个的东西。凡一个东西能够成为整个儿的，必是具有连续性。”（张东荪：《认识论》，商务印书馆 2017 年版，第 41 页。）

实体原子,创变性指外界的新事物产生的条理根据[①],总的来说,这些条理本身(所与)在张东荪看来依然只是空洞的架子,而没有任何外物的成分,与金岳霖的所与秩序不同,在金岳霖那里所与是正觉的呈现,正觉的秩序就是所与的秩序,就是外物的秩序。其次,二者所与理论的进路也不同,在张东荪那里很明显引入科学认知的实证研究,而金岳霖则是一种纯哲学的分析,这与上文和新实在论的意识理论相比较时呈现出来的差异具有一致性。

在牟宗三的认识论中,作为生理的自我称作主体事,作为对象化的外物称作物理事,而且事与事之间都有内在关系,“一事起处,即全体与之俱起也。一现一切现,固皆为当下,固皆为所与”[②],所以在他看来“主体事与物理事以及特定之当下呈现皆是所与”[③],而且受张东荪的影响,他又把所与分为纯粹所与(pure a given)和现显所与(apparent a given),他认为:

> 感觉物相就是“现显所与”;发生此感觉物相的那些事素即是“纯粹所与”……“现显所与”与“纯粹所与”间也是一种因果关系……这一层的因果关系又好像影与形的关系,影或下层是现显所与,形或上层是纯粹所与。[④]

并且认为都是真实的存在。综观牟宗三的所与论,相比金岳霖仅仅把正觉的呈现以及对象化的外物的一部分(也即官觉内容和具有对象性的那部分官觉对象)看作所与,在牟宗三这里不仅外物、呈现都是所与,连官能者也是所与。与张东荪不同,牟宗三认为感觉内容也是所与,如同外物一样是

---

① “我们看见有新的东西出来,我们只能说这个东西的认识是由于加以认识的立法于其上,但决不能说所以有这个新奇是纯粹出于我们主观的构造。因此我们必须把新东西所以出来的根由归于外界确有与其相应者。这个相应者便是一种条理,因为这样的相应亦只在架构上,而不关于内容。于是我们于原子性连续性之外不能不有这个创变性。”(张东荪:《认识论》,商务印书馆 2017 年版,第 43 页。)

② 牟宗三:《牟宗三先生全集》18 卷《认识心之批判》,台湾联经出版公司 2003 年版,第 5 页。

③ 牟宗三:《牟宗三先生全集》18 卷《认识心之批判》,台湾联经出版公司 2003 年版,第 5 页。

④ 在牟宗三这里,感觉物相就是官觉内容(呈现),就是现显所与,事素就是外物,就是纯粹所与。(牟宗三:《牟宗三先生全集》18 卷《认识心之批判》,台湾联经出版公司 2003 年版,第 308 页)。

真实的存在，这一点上与金岳霖有相同之处。不同的是金岳霖的知识论中，在正觉上感觉内容就是外物本身；而牟宗三这里承认外物与呈现之间有因果关系，外物是因，呈现是果。撇开内容的差异性，从进路来看，相比于张东荪，牟宗三的所与理论显示出和金岳霖的进路即哲学分析的进路有一致性，当然我们知道牟宗三知识论的思想主要建立在对于康德知识论的批判研究的基础上，而康德的知识论中完全是作为科学的形上学，也即纯哲学分析的模式来建立的，所以在研究的进路上二者有着相似性也就不足为奇了。

从以上分析可知，20 世纪初期的这些哲学家构建自己理论所表现出来的共性都不同程度地受到同时期西方哲学的影响，张东荪和牟宗三都受到怀特海的影响较大，牟宗三和金岳霖都受到康德和罗素的影响较深。另外，他们在构建自己理论的同时也都表现出中西哲学概念的共生互诠，牟宗三侧重于把西方哲学的概念转换成中国哲学的概念表述，建构到中国哲学的体系之中，张东荪和金岳霖则是以西方哲学的概念架构自己的哲学体系，从而形式上与西方哲学命题研究更为接近。比喻地来说，牟宗三是“借”，张东荪和金岳霖是“拿来”。

二、客观问题

客观是理解金岳霖的所与理论的核心命题“所与是客观的呈现”的重要一环，也可以说不理解客观就无法理解所与。

（一）主观与客观

金岳霖对客观的定义是不同于我们常识中对客观的理解的，他说：

> 我们对于客观底兴趣是引用到呈现上的客观。如果甲觉中的甲^{m}对于 X 所得的呈现是类型的呈现，则此呈现为客观的。这可以说是客观底定义。[①]

① 金岳霖：《知识论》，商务印书馆 1996 年版，第 147 页。

> 第一所谓客观既是类观，就不止于个体观，所谓主观只是个体观而已。照此说法，主观的呈现只是某官能个体所得的呈现，客观的呈现不只是某官能个体底呈现，而且是同种中正常的官能者所能得到的正常的呈现。此正常的呈现即一所与相对于一种官能者底本来，它是这样的本来，因为它没有受某某特殊官能个体所私给的影响。有某某官觉个体所给与的特殊的影响的呈现才是主观的呈现。①
>
> 客观的呈现不一定是相同的呈现。第二，同种中不同的官能个体对于一外物常常得不同的呈现。这里所说的是不同的呈现而已，不是不一致的呈现。呈现可以不同而仍一致。主观的呈现一定彼此不同，但不同的呈现不一定主观。呈现不同也许是观点不同，例如从两不同地点去看一碗口；也许从头一地方看来是圆的，而从第二地方看来是椭圆的。呈现的确不同，可是易地而观之后，此不同点头在是观点底影响而不是官能个体底影响。呈现不同也许是媒介底不同，例如雨中看山与晴天看山不一样。这样的呈现不同是受了媒介底影响而不是受了官能个体所私自给与的影响。水中木棍与空中木棍底问题也是媒介底问题。呈现不同也许是官能个体底临时状态底不同，例如发大烧时所见的呈现与日常所见的不同点也许受自然律底支配而不是官能个体所独有的影响。这样的情形非常之多，而且复杂，我们不一一提出讨论。我们现在只说呈现底不同并不一定表示它是主观的，在不同的条件之下，呈现不会一样，而此不一样的情形是遵守自然律的。②

从常识出发，“客观”至少有两种用法：一是指不依赖人意志而存在的事物，如客观事物、客观世界等，二是指那些根据事物或事情本来面目所作出的判断，而非个人臆想，如客观看法、客观判断等。显然金岳霖的“客观”概念与此不同。

---

① 金岳霖：《知识论》，商务印书馆 1996 年版，第 147 页。
② 金岳霖：《知识论》，商务印书馆 1996 年版，第 147—148 页。

在知识论中，客观主要是就呈现而说的，从呈现说客观，客观就是类观。类观是一个抽象的概念，从某种意义上说只存在个体的观，而没有类的观，所谓类观必然也是建立在类与个体的概念基础之上，是正常的官能个体在官能活动中所表现出来的同质的呈现方式，以正常的人为例，A看X是一张桌子，那么其他人看X也必定是一张桌子。当然不同的人看的时候会有角度、媒介，以及官能个体的临时状态不同，从绝对的意义上说，看到的、作为官能内容的桌子不同，但是这个不同正如ABCD长相不同但都是人一样，又如世界上没有两片相同的树叶但都是树叶一样。从类的角度看，呈现虽然都是特殊的，但呈现出来的都是桌子，这种同属一类的呈现方式就是类观，金岳霖的"客观"是在这个意义上说的。

在知识论中，主观是与客观相对的，指"某某官能个体所给予的特殊的影响的呈现"：

> 假如某甲是甲类中的甲^{m}，他所看见X个体在太阳中为金黄，我们底问题不是甲类底影响而是甲^{m}底影响。如果甲类中任何正常的甲^{n}看见X在太阳中，甲^{n}会感觉到X之为金黄，X虽为甲^{m}所看见而X没有受甲^{m}底影响，只受甲类底影响或甲类底正常眼睛底影响而已。如果甲类中正常的甲^{n}看见X在太阳中不感觉其为金黄，则甲^{m}所看见的金黄的X受了甲^{m}底影响。X是否受甲^{m}的底影响，须以甲类底正常眼睛为标准。由此我们可以看出仅谈内在外在关系不足以表示客观。所谓客观尚须要类型。甲^{m}与X底关系是内在或是外在，至少牵扯到甲^{m}和X底类型。以上只从甲^{m}着想，其实X也有类型问题，不过我们没有讨论而已。[①]

但是在这一点上要想说清楚官能个体如何给予特殊的影响实在有点困难，相对来说，常识中的主观也至少有两种用法：一是指人的思维、意志等，

① 金岳霖：《知识论》，商务印书馆1996年版，第146页。

二指人的臆想。但这不是金岳霖在知识论中谈的主观,知识论里的主观是就呈现而说的。主观所对应的经验即主观的活动一方面要排除遵守自然律的情况,另一方面涉及官能类,要排除心理或者心灵的问题,不存在人的意志对于呈现的影响。

排除了心理或者心灵对呈现施加的影响,首先,要探讨的就是某官能类中的官能个体的生理病变属不属于这类"官能个体所给予的特殊的影响"。譬如色盲是一官能类,但是某一色盲者发生了"玻璃体混浊"等眼底病变,他在看东西的时候会看到很多黑色气泡,这些黑色气泡对一般的色盲者来说是看不到的,但这就能称作是"主观"的吗?这类生理病变难道不也遵守自然律吗?又譬如一个人喝醉了酒,看什么东西都是两个,这难道不也遵守自然律吗?我们现在要问的是如果排除主观意志对于呈现施加影响的那种主观的内涵,因为我们自身而对看 X 产生的影响难道会逃脱于自然律吗?答案是否定的,因为无论是人自身的身体变化还是受外在条件影响使人的看发生变化,这个变化也是在自然律范围内的。

所以,如果官能个体逃不出自然律,那么官能个体对外物的影响也逃不出自然律,既然都逃不出自然律,显然这样的主观对应的官能活动是很难在现实中找到的。在这个意义上,错觉、梦觉、幻觉等都不是主观的,因为这些官能行为都逃不出自然律,因为当任何一个人置身于那种境况、进入那种状态或发生那种病变,都会发生错觉、梦觉、幻觉,而并不是那些产生错觉、梦觉、幻觉的官能个体所独有的或独自碰到的。无论如何,我们很难想象逃出自然律的官能个体对外物 X 施加特殊的影响而造成不同于正常官能者的官觉。所以,当"主观"的概念离开心灵、意志或者不根据客观外物的实际情况而做出的思维判断这样一种内涵时,而单纯地就呈现、就官觉内容而言,我们很难找到违背自然律的官能个体对外物 X 的独特影响。除非有超能力的人,他一看别人就是那种透视的看,像 X 光机一样,直接能穿透人的衣服,看到人的骨架。如果存在这样的超人,他的看的确是主观的,他施加到外物 X 上的影响的确带来的呈现跟其他人的呈现不一样,这是因为他官能器官特异,但对这种超能的人仍应看成是同属于正常人的官能类吗?显然我们说他不属于我们常说的一般人这一类，因而，虽然在可能的意义上或许承认存在这种拥有超能的不受自然律束缚的个体，但是这种官能的个体本身不也自成一类？那么他既不属于人类，也不能把他放到人类中而说他是主观的，因为他在他那类中不仅不是主观，而且是客观的。

其次，如果客观是针对于官能类而言的，那么什么是一官能类呢？从物种的角度看，生物的确是一类，无生物是另外一类，生物中又可以分为植物和动物，动物中有人，也有牛、马、猪、狗等其他动物。在知识论中，官能类主要是针对着官能活动而言的，那么有官的才能有所谓官能类的分别。在金岳霖看来，不仅人、牛、马等是不同的官能类，就连人中的色盲者相对于非色盲者也是一官能类，一个色盲的官能个体相对于色盲类而言，他的官能活动中的呈现也是客观的。那么，按照这个逻辑演绎，无论这个官能个体是由于他的生理问题，还是由于外在条件的作用使他的官能活动不同于正常的人，只要这些问题的人能够归为一类，那么相对于那个特殊的官能类而言，他们的官觉内容也都是客观的。这样推下去，即使“某某官能个体所给予的特殊的影响的呈现”也还不能称为主观的，因为要称他是主观的，只是相对于别人的某一官能具有一致性而他的官能发生特殊变化的那个官能类。但是，如果从他的特殊变化的官能出发，这个特殊的官能的活动总能找到同类表现的官能活动的官能个体，相对于这类官能的个体而言，他就是一种客观的呈现。而且，即便具有这个特殊的官能的官能个体找不到其他的同类，我们是否可以把他看成自成一类的呢？如果一个体能构成一类，那么他相对于他的类也是客观的，如此来看，似乎我们真的很难找到属于知识论意义上的主观的行为。

不仅知识论意义上的主观很难找到对应的经验活动，就连类本身如何划分官能类也是一个难题。譬如喝醉了酒，看什么东西都成双，这样的人不少，是否也应该划分为一类呢？当然这种醉酒的状态在时间上不能绵延，一旦清醒，看东西又是单的。如果把这也可以看做一官能类，那么这个人一会儿属于这个官能类，一会儿属于那个官能类，这样分类的标准似乎不太像个标准，然而我们在知识论中也没有找到金岳霖关于官能类的标准的界定。由于客观是针对官能类而言的，所以官能类之重要不言而喻，这里，我们似乎只能提出这个问题。但是，在金岳霖的知识论的范围，我们对此问题无法详细追问，因为金岳霖也并没有深入讨论这些问题。因而在这里我们只能就这种思维方式来发问。还是以色盲为例，色盲者相对于非色盲者肯定是少数派，从非色盲者的类观看，色盲不是一种客观的呈现，但金岳霖这里从色盲类的类观出发，把色盲者看作是一种客观的呈现，那么如果色盲类中再出现一种 xx 类，xx 类从色盲类出发当然不是一种客观的呈现，但是从 xx 类的类观出发又可以看作一种客观的呈现。如此不断地推下去，似乎能分出无限的官能类，大类之下又有小类，这样实质上就陷入了一种相对主义的怪圈：在一大类中不是客观的呈现，在一小类中成为客观的呈现；在一小类中不是客观的呈现，在一小小类中又成了客观的呈现。这样似乎丧失了客观的标准，如果官能类能分出无限，那么在某官能类内具有共性的官能个体的活动就都是客观的了，这就成了一种普遍的客观了，这种客观当然与把客观当作类观的规定初衷是相矛盾的，因而我们认为关于官能类的划分应该是可以进一步商榷的。

（二）关系理论

抛开官能类的划分问题：我们注意到认识主体对于外在事物的官觉都是发生在关系之中，关系的变化是否影响认识主体对于对象的把握，这也影响着我们对于外在事物的客观评价，某种意义上，所谓客观地呈现中的"客观"的保证依据于金岳霖所谓的关系理论。金岳霖说：

> 官能活动中有外在关系就是说有客观的呈现。一官能者在官能活动中所得的呈现有主观或客观的问题。客观的呈现非常之重要，它是知识底对象底基本材料。否认客观的呈现，就否认知识底共同对象，但是，所谓客观的呈现颇不易说，我们得解释客观，而解释客观又不能不利用内在外在关系意念。[1]

---

[1] 金岳霖：《知识论》，商务印书馆 1996 年版，第 160 页。

关于“内在关系论”，金岳霖举布拉德雷的内在关系学说为例。布拉德雷的内在关系学说包括两个方面：一是根据关系的无限后退从而断定关系的不可能①；二是任何发生关系之后的个体都与发生关系之前的个体不同。第二个方面是金岳霖所批判的“内在关系论”：“如果两个体发生关系，它们都受影响，它们都与原来的个体不一样，所谓原来的个体即指未发生此关系之前的个体。”②

内在关系论认为所有的关系都是内在的关系，金岳霖认为这种看法对知识论产生两方面的影响：

> 从头一方面着想，知识即一关系，如果所有关系都是内在的，知识关系也是内在的，如果所有的关系都影响到关系者使它在关系中不一样，那么知识底对象在知识中与不在知识中不一样，而对象底本来面目根本得不到。这就是说，如果我们坚持内在关系论，我们所知道的绝不是事物底本来面目。……从第二方面来看，任何个体与任何其它的个体都有内在关系，如果我们要知道一个体，我们非知道它所有的关系不可，因为它受所有的关系底影响。如此说来，如果我们要知道一个体，我们非知道整个的宇宙不可。知道整个的宇宙当然是不可能的，既然如此知道任何个体也是不可能的。如此说来，如果我们坚持内在关系论，知识根本就不可能。③

金岳霖在《论道》中有过这样的表述：

---

① 金岳霖：“如果两个体能有关系，例如 X 和 Y 之间能有 R^1 的关系，则 X 和 R^1 之间不能没有关系，假如它们底关系为 R^2，则 X 与 R^2 之间不能没有关系，假如它们底关系是 R^3……两个体非先有无量数的关系不可。这问题似乎不只于一关系牵扯到无量数关系，即令一关系牵扯到无量数关系，这并不表示一关系为不可能，这问题似乎也不是一关系事实可以分析成无量的关系事实，例如 XR^1Y 可以分析成(甲 RX^2)R^1(丙 YR^2J)……等等，即令一关系事实可以分析成无量数的关系事实这也不表示关系不可能。”(金岳霖：《知识论》，商务印书馆 1996 年版，第 148—149 页。)

② 金岳霖：《知识论》，商务印书馆 1996 年版，第 149 页。

③ 金岳霖：《知识论》，商务印书馆 1996 年版，第 149 页。

> 可能底个体化有两方面的妙处：一方面每一个体大都均有特别一套的关系与性质，另一方面，每一个体都反映整个的本然世界。可能有可能的关系，每一可能牵扯到别的可能。每一个体底关系与性质也牵扯到别的个体底关系与性质。同时别的个体底关系与性质也牵扯到其他个体底关系与性质等等。由此类推，一个体底关系与性质牵扯到所有个体底关系与性质，这就是这里所说的每一个体都反映整个的本然世界。……我们承认如果我们要知道一个体底所有的关系与性质，我们得知道整个的宇宙；但是，如果我们要知道一个个体，我们用不着知道整个宇宙。本文以为不完全的知识也是知识。知识离不了真命题。真命题底内容虽有贫乏与丰富底分别，而真命真底“真”没有程度高低底不同。[①]

两段话看似矛盾，其实并不矛盾。我们把《论道》中的本然世界缩小为人类，把一个体看成是每一个特殊的人，那么每个人都有他的殊相，也即他的关系与性质，譬如ABCD高矮胖瘦等，EFG黑白黄色人种等，QMN父子、同学、战友等。每个人都有不同的性质，也都有不同的关系，每个人通过性质与关系都与其他任何人普遍联系，每个人都可以反映整个人类：

> 一个体底关系与性质牵扯到所有个体底关系与性质，这就是这里所说的每一个体都反映整个的本然世界。设以n代表所有的性质底数目，n性质之中，任何一性质 ϕ 都与其他许许多多的性质相关联，同时又间接地与另外一套许许多多的性质相关联，结果是 ϕ 与所有n性质都相关联。一性质有表现它的个体，表现 ϕ 的个体与表现n性质中其余所有性质的个体也相关联。关系底情形同样，不过更明显一点而已。关联不是影响。南京底红个体与北京底黄个体有关联，它们底关联是

① 金岳霖：《论道》，中国人民大学出版社2006年版，第66—67页。

黄与红底某一种关联，而不是个体与个体之间彼此直接的影响。每一个体都反映整个的本然世界，就是说每一个体与其余所有的个体都有这样的关联。[①]

我们注意到这段话且最重要的一点是“关联不是影响”，这与内在关系论中的“任何个体与任何其他的个体都有内在关系，如果我们要知道一个体，我们非要知道它所有的关系不可，因为它受所有的关系的影响”根本不同。在金岳霖看来，我们要知道个体所有的关系是个体与个体之间的在本然世界的可能的关联，而不是具体的个体与个体之间的关系的影响。所以就关联说，我们要知道一个体的所有的可能关联，我的确要知道整个宇宙，但是我们如果不求知道个体的所有的可能的关联，而只是要知道具体的个体，那么我们就没有必要知道整个宇宙。而内在关系论强调的是：要知道具体个体就要知道整个宇宙。以一个人为例，我们要知道他，并非要知道他作为个体的所有可能的关联，而只要知道他的基本信息即可。这就像做个人调查，我们会让一个人填写他的性别、年龄、身高、体重以及有限的家庭关系、社会关系和个人经历等，而不必要他把从出生以来所有发生过的事、遇到的人全部陈述一遍。内在关系论认为个体每发生一次关系、受此关系影响，个体都不再是关系发生之前的那个个体，欲知道这个个体，就须知道它的所有关系。如果照此来看，的确没有客观可言，因为这样的话，不仅不同的认识主体之间没有类观，而且就同一个认识主体，其前一秒和后一秒都不再是同一个，这就连同一性都无法保证了。

内在关系论最大的错误就在于从个体的具体关系变化，推出其性质变化。金岳霖认为“改变一个体底关系，在关系上该个体和从前的确不一样”，但是“关系改变性质不必改变”：

我们不能说如果一个体改变它底关系，无论关系是如何的关系，它

① 金岳霖：《论道》，中国人民大学出版社2006年版，第66—67页。

> 与原来的个体或未改变它底关系之前的个体，在性质上不是一样的。这就是说如果一个体改变它底关系，它底性质不必改变。“如果一个体改变了它底关系，它底性质也改变了”是一假的命题。草帽原来在床上，现在我把它摆在椅子上，这张桌子与草帽底关系改变了，然而桌子没有性质上的改变。[①]

当然他也同时承认并非所有的关系改变都不能造成性质改变。某些关系改变能够造成性质改变，就像“盐泡过了的菜与未泡过的菜不仅关系不同，而且性质不同”。也就是说，金岳霖并不否认存在内在关系，但他同时承认有外在关系。所谓外在关系，就是不影响个体性质的个体之间的关系，譬如一个东西从房间里拿到房间外，一个人从 20 岁长到 50 岁所受到的社会的、外在环境的影响，这些都是外在关系，都不影响个体的性质，那个东西还是那个东西，那个人还是那个人。然而对个体何以在变化的关系中保持性质的恒久性，金岳霖用“现实具体化”来解释，也即具体的共相。现实具体化使现实能够“并行不悖”，所谓现实的并行不悖就是无论空间的位置变换还是时间的绵延变换，个体保持其性质的恒定性。也就是说，外在关系的变化不影响个体的性质，个体仍然保持着其本来的性质，个体仍是该个体：“本来不相关联的可能，现实具体化后，它们可以关联起来而不悖；本来不能同时关联起来的可能，现实具体化后，可以在不同的时间关联起来而不悖。”[②]在他看来，正是这种关系理论保证了外物呈现的同一性，而同一性是外物作为对象为认识者所能客观把握的重要方面。缘此，认识者与认识对象处于认识的关系中时，认识者对于认识对象的把握就是认识对象的性质，而不是改变了的认识对象的性质。

外物的呈现只有是客观呈现的时候，这种呈现才是所与，感觉内容才和感觉对象同一，也可以说此际，认识者对认识对象有客观地把握。说客观相

---

① 金岳霖：《知识论》，商务印书馆 1996 年版，第 155 页。

② 金岳霖：《论道》，中国人民大学出版社 2006 年版，第 49 页。

对于官觉类，这是就从认识者这方面来规定，以便不同的认识者把握的是同一个东西；说个体变化在关系之中，这是就对象化的外物这方面来规定，以使这个东西在关系的变化中还是这同一个东西。认识对象在和认识者的关系中仍然保持着认识对象本身的性质，这两个方面的规定才能保证认识者客观地把握认识对象。当然，在金岳霖看来客观还是在官觉（进一步而言是正觉）范围内，说客观是就呈现说，而不是就外物说，没有进入官觉范围内的外物，无所谓呈现，当然也就无所谓客观。这种规定性避免了主客二分的客观（主客二分的客观实质上仍是一种主体性的客观），建立了一种主体间性的客观。这种主体间性的客观一方面是不同认识者之间的主体间性（所谓客观是类观），[①]另一方面是认识者与认识对象之间的主体间性。认识者与认识对象的主体间性表现在认识者对于认识对象的正觉关系上，这种正觉关系的形成是认识者与认识对象的共同作用，而非单一方面的作用：认识者单独主动把握认识对象，认识对象单独刺激认识者。

第三节　挑战与辩护

一、所与神话

"所与神话"是塞拉斯在《经验论和心灵哲学》中基于对所与理论批判而提出的一个重要概念，这是否也对金岳霖的所与理论有效，是本节我们讨论的主要问题。

塞拉斯在其论著中批评了产生于感觉材料理论的所与神话，他指出经典的感觉材料理论存在一个不融贯的三元组：

A. x 感知到红色的感觉材料 s 意味着 x 非推理地知道 s 是红

① 杨国荣："金岳霖在肯定所与是客观呈现的同时，又指出所与之中包含着人的'类观'（具有人类正常感官的人之视界），其中似乎也包含着对所与与所得统一性的确认。"（见杨国荣：《存在之维》，人民出版社 2005 年版，第 109 页。）

色的。

B. 感知感觉内容的能力不是习得的。

C. 知道“x 是 φ”这种形式的事实的能力是习得的。

A 和 B 一起，可以推出并非 C；B 和 C 一起，可以推出并非 A；A 和 C 一起，可以推出并非 B。[①]

这种不融贯的经典感觉材料理论是由以下两种观念杂交的结果：

(1) 存在着某种内在事件，比如对红色的感知，或者对 C# 的感知，这种感知能够不需要任何先在的学习过程或者概念形成过程而发生在人身上(和动物身上)；如果没有这样的内在事件，那么在某种意义上，看到(比如)物理对象表面呈红色和三角形，或者听到一种物理声音如何如何，这样的事情就变得不可能了。

(2) 存在着某种内在事件，即非推理地知道某些事项是(比如)红色的或是 C#；而且这些事件是经验知识的必要条件，它们为所有其他的经验命题提供证据。[②]

很显然，在感觉材料理论者看来，我有一个“红色三角形”的感觉是一种事实性认识，而且这种认识是直接知道，非推理知道。我看到物理对象表面呈红色和三角形都可以转化为我有一个“红色三角形”的感觉这样一种感觉材料的语言，其中“红色三角形”就是感觉材料，从而我看到物理对象表面呈红色和三角形就成了一种直接性的认识，是一种非推理的知道的认识，当然它成立的核心就在于它等价于我有一个“红色三角形”的感觉这样一种对感觉材料的直接性认识。

另外，我有一个“红色三角形”的感觉还被当作是直接得到的基础知识，

---

① 陈波、韩林合主编：《逻辑与语言——分析哲学经典文选》，东方出版社 2005 年版，第 680 页。
② 陈波、韩林合主编：《逻辑与语言——分析哲学经典文选》，东方出版社 2005 年版，第 681 页。

也就是说我所能直接感觉到的这种“感觉材料”为其他命题知识提供权威性的证据，譬如 x 在时间 t 在 s 看来是红色的这个命题知识可以被 s 在时间 t 有一种红色的感觉所辩护。

在塞拉斯看来，经典感觉材料理论在以上这两方面存在着观念的混淆，塞拉斯在这里指出，所与作为一种感觉材料并不提供非推理的事实性认识。进一步来说，这种对感觉材料的把握是一种特殊经验而不构成一种直接认识，不是一种直接获得的事实性命题知识，所谓事实，必然有概念的参与，而对于感觉材料的特殊经验中当然没有概念，因而对感觉材料的特殊经验也不能等同于对于物理对象的知识；其次，它既然不是一种命题知识，它当然也不能为命题辩护，因为辩护总是一种语义上的推理，非语义的特殊经验不能用来推理，因此为命题辩护并提供证据的也只能是命题，而不能是一种特殊的经验，特殊经验和知识命题之间没有逻辑关系，不构成辩护。

在塞拉斯看来，对于感觉材料的直接把握构成经验知识的基础这种所与神话的驱逐，并没有完全抓住所与神话的本质，相对于对以上这种所与神话的反驳，人们更容易陷入另外一种事实上所产生的所与神话，这种事实是“物理对象 x 在时间 t 在 s 这个人看来是红色的，或者看来对于某人 s 来说，在时间 t 那儿有一个红色的物理对象”。[①] 这在感觉材料理论者看来是可以分析的，一个感觉材料理论家会说：“如果不是有一个红的感觉材料出现在我心中，我很难理解为什么那个物理对象会看起来是红色的。”[②]这种感觉材料理论的分析，我们可以看到与传统的“观念论”有相似之处，因为它们本质上都是一种表征（representation）理论，观念论也就是金岳霖所批评的唯主方式。观念论和感觉材料理论都认为我们无法直接认识外在事物，而需要通过一个中介来构成对于外在事物的推理，而这个中介恰恰是我们认识外物的起点。在观念论看来，这个中介是外物在我们内心形成的观念（印象、

① 陈波、韩林合主编：《逻辑与语言——分析哲学经典文选》，东方出版社 2005 年版，第 693 页。

② 塞拉斯在文本中所引用的布劳德的分析解释：“事实上，如果不是有某种椭圆的东西出现在我的心中，很难理解为什么这个便士看起来是椭圆的而不是任何其他形状的。”（参见陈波、韩林合主编：《逻辑与语言——分析哲学经典文选》，东方出版社 2005 年版，第 693 页。

记忆、表象);而在感觉材料理论看来,这个中介是为感官所把握的感觉材料[①],二者本质上都构成对外物的一种表征性。[②] 所谓表征也就是“某个物理的东西(表征承载者)在某种运作方式之下,获得了适当的内容,借以代表某些事物或者某些事情”。[③]

对于这种表征理论的弊端的批评,塞拉斯和金岳霖是一致的,但是方法却不尽相同。金岳霖解决观念论的方法是提出其所与理论,这种所与理论本质上并不是一种感觉材料的表征理论,而是一种呈现(presentation)学说。呈现就避免了心理表征所造成的中介,而是认为认识者直接认识对象化[④]的外物,作为内容的呈现与对象化的外物同一,金岳霖的呈现学说实质上是认识主体和外物的一种正觉关系;而塞拉斯为了破解所与神话,提出相比于“看来是红色”,“是红色”是一个逻辑在先的概念,而且他说:

> x是红色的≡x在标准条件下,在标准的观察者看来是红色的,之所以是一个必然真理,不是因为右边这个表达式是对“x是红色的”这个表达式的定义,而是因为“标准条件”意味着在其中事物会显现出它们本来的样子。[⑤]

实际上我们可以看到这种说法类似于金岳霖的正觉观念,而且在塞拉斯看来:

---

① 说感觉材料作为一个中介,是就着认识外物而言的。在感觉材料理论者看来,通过感官直接呈现在我们的内心上的是感觉材料,而不是外物,甚至可以没有外物而感觉材料单独存在,所以对于感觉材料的把握较之于对于外物的把握是更为基本的一件事,即使在罗素所谓的“亲知”的意义上而言也是如此,“我们说,我们对于我们所直接察觉的任何事物都是有所认识的,而不需要任何推论过程或者是任何有关真理的知识作为中介。因此,我站在桌子面前,就认识构成为桌子现象的那些感觉材料,——桌子的颜色、形状、硬度、平滑性等等;这些都是我看见桌子和摸到桌子时所直接意识到的东西。”(罗素:《哲学问题》,商务印书馆2005年版,第35页。)在罗素这里感觉材料直接构成了我对于外物意识的第一站。

② 参见王华平:《知觉经验是否有表征内容》,《厦门大学学报》(哲社版)2011年第6期。

③ 彭孟尧:《人心难测——心与认知的哲学问题》,生活·读书·新知三联书店2006年版,第111页。

④ 对象化并不是现象化,而是进入官觉范围内,为官觉所把握。

⑤ 陈波、韩林合主编:《逻辑与语言——分析哲学经典文选》,东方出版社2005年版,第702页。

一个人要想拥有绿色这个概念，必须拥有一整套的概念，而绿色这个概念只不过是这些概念中的一个成分。它意味着，虽然掌握绿色这个概念的过程可能（事实上也的确）涉及获得对不同环境中不同对象的渐进式的反应习惯的一个长长的历史，但在一种重要的意义上，一个人不可能拥有关于时空中物理对象的可观察属性的任何概念，除非他已经拥有了所有这些概念——而且，我们将会看到，他还必须拥有另外很多概念。[①]

在这里对于绿色概念的获得，塞拉斯认为要经过“不同环境中不同对象的渐进式的反应习惯的一个长长的历史”，这种诉诸主体间性的要求无疑类似于金岳霖的“所与是客观的呈现”中“客观即类观”这个内涵，不同的是在塞拉斯那里还多出来一个历史的维度。但总的来说，可以看到塞拉斯的“所与神话”所批判的对象不能包括金岳霖的所与理论，因为金岳霖的所与理论实际上是一种呈现理论、关系理论，而不是一种表征理论，表征理论是二者所共同批判的对象。

二、其他挑战与辩护

一般认为金岳霖的“所与是客观的呈现”理论很好地解决了呈现和外物、内容和对象的鸿沟问题，因为在他的所与理论看来，正觉中的呈现就是外物，内容就是对象，而最中坚的思想是他提出“所与的两个位置”学说：

我们称正觉底呈现为“所与”以别于其他官能活动底呈现。所与就是外物或外物底一部分。所与有两方面的位置，它是内容，同时也是对象；就内容说，它是呈现，就对象说，它是具有对象性的外物或外物的一部分。内容和对象在正觉底所与上合一；在别的活动上这二者不必能

① 陈波、韩林合主编：《逻辑与语言——分析哲学经典文选》，东方出版社 2005 年版，第 703 页。

> 够合一,例如我想象在伦敦底朋友时,内容是一事,对象是另一件事。就所与是内容说,它是随官能活动而来,随官能活动而去的,就所与是外物说,它是独立于官能活动而存在的。大致说来,所与不是一整个的外物而只是一外物底一部分。这一点前此已经提及。但是我们要注意所与虽然只是外物底部分,然而它仍是独立存在的外物。[①]

但是也有一些学者提出异议,譬如胡军认为金岳霖的感觉内容和外物同一的理论充满困难,他引用了罗素的"知觉因果说"。罗素在《人类的知识》中区分了物理学上的太阳和我们看到的太阳,他说:"尽管你现在看太阳,根据你看见而推论出来的那个物体却存在于八分钟之前;如果太阳在这几分钟内消失的话,你仍然会一点不差地看见你现在正在看见的东西。因此我们不能把物理学上的太阳和我们看见的太阳等同起来;然而我们看见的太阳仍然是我们相信物理学上的太阳的主要理由。"[②]罗素这里巧妙利用光的传播延迟构建了一个关于外物与感觉内容不同一的认知模型,在这个认知模型里他假设了在光离开太阳到达地球的过程中,太阳消失了,也就是说太阳的同一连续性在这八分钟发生了变化。但是用这个认知模型攻击金岳霖的所与理论的关键在于这个认知模型是不是发生在正觉环境中,实际上根据科学,我们对太阳的观察始终不是物理学意义上的太阳本身,我们看到的是经过八分钟到达地球的太阳光,这个太阳光才是这里的外物,而不是那个物理学意义上的太阳,那个物理学意义上的太阳,我们在正觉中是看不到的。这个作为外物的太阳光当然和我们感觉到的太阳光是同一的,也就是外物和呈现、内容和对象的同一,所以胡军所引用的这个例子实际上并没有驳倒金岳霖的感觉内容和外物的同一的所与理论,因为金岳霖这里考察的是官觉外物。所谓官觉外物也就是进入到官觉范围内的外物,物理学意义上的太阳正常情况下不能进入人肉眼直接官觉的范围内,不过如果用特

① 金岳霖:《知识论》,商务印书馆1996年版,第130—131页。
② 罗素:《人类的知识》,商务印书馆2005年版,第247页。

殊的望远镜我们就可以看到物理学意义上的太阳。当然，通过望远镜看也是正觉，但通过望远镜看这种正觉所蕴含的关系与通过肉眼直接看这种正觉所蕴含的关系发生了变化。金岳霖的官觉外物我们在外物那一章论述过，它有两个规定，一是相对于官能类；二是在关系中，望远镜是媒介，媒介也是关系，如果关系发生了变化，那么官觉外物当然不是同一个官觉外物了。所以，物理学意义上的太阳和我们直接用肉眼看到的太阳不是一个东西，在这个意义上，罗素的这个认知模型并不能驳倒金岳霖的所与理论。

不仅如此，胡军为了驳倒金岳霖的感觉内容和外物同一的所与理论，从科学角度指出：我们对于外物的视觉实际上是外物反射电磁波作用于我们的视觉器官所致；而听觉是物体振动发出的空气波作用于我们的听觉器官所致；味觉是物体散发出不同化学性质的分子作用于我们的味觉器官所致……我们直接感觉到的是电磁波、空气波等在我们感觉器官上引起的变化或结果——颜色、声音、气味等，而外物所构成的自然界本身是无色、无声、无味的，从而以说明感觉内容不是外物或外物的一部分。这个问题牵涉到外物的性质问题，尤其是第二性质理论，第二性质理论可以追溯到洛克、霍布斯和伽利略。以洛克为例，他把广延、形状等看作属于外物本身的第一性质，而造成颜色、声音、气味等外物的能力被当作是第二性质；当然也有把颜色、声音、气味等直接看作第二性质又同时规定此第二性质不属于外物本身。但不管哪种第二性质理论，都说明作为感觉内容的色、声、味不是外物或外物的一部分，而是感官、外物及自然界中的波的相互作用引起的。

这里我们不妨结合冯契对金岳霖所与理论的分析研究一下，他说：

> 感觉的内容无非就是呈现在感官之前的客观事物。红颜色就是760毫微米的光波，此光波与红颜色是合一的。光波是客体的能量，红色是客体的性质，在此是“目遇之而成色”，“之”即760毫微米的光波，在“目遇”的条件下，它就呈现红颜色。[①]

---

① 冯契：《认识世界和认识自己》，华东师范大学出版社1996年版，第124页。

冯契把红色等同760毫微米的光波无疑正是胡军所要批判的。根据科学的感觉论,以红桌子为例,红桌子有能力反射760毫微米的光波,但760毫微米的光波虽是“目遇之而成色”那个“之”,却不是红桌子的性质,红色也不是760毫微米的光波,而是红桌子反射760毫微米的光波被人的感官接收后又经过一系列复杂的神经生理过程才使人产生了红色的感觉。在这个意义上,也就是胡军所说的感觉内容和外物不是一个东西。

但是,冯契的“红颜色”就是“760毫微米的光波”的这种看法与金岳霖在正觉范围内呈现和外物同一的看法还有所不同,“760毫微米的光波”是“之”,它既然还没有进入到官觉范围内,就不能说它是红颜色,金岳霖的所与理论是在官觉范围内、正觉范围内而言的,金岳霖说:

> “耳遇之而成声,目遇之而成色”这两句话里就有这里所说的两不同的性质。这两句话里的“之”就是不相对于某一官觉类的性质,耳遇之而成“声”、目遇之而成“色”底声和色就是相对于某一官觉类的性质。兹称所见的为色。牛类不能见人类所见的色是就相对于此两官觉类而说的性质;牛类见之而有某种反感,人类见之而称之为红的色是就不相对于这两官觉类而说的性质。以任何一官觉类底立场为立场,性质总免不了对于该官觉类底相对性。不谈官觉,性质只是有关系网而不与一官觉类相对待的性质;谈官觉,性质总不只有关系网以为背景而已,它总兼有与一官觉类相对待的情形夹杂其间。①

如果说“760毫微米的光波”是“红色”,那就是说牛也有红色的感觉了,我们就能见牛之所见,但实际上我们不能见牛之所见,牛也不能见我们之所见的红色。“760毫微米的光波”是还没有进入到类的官觉范围内的说法,而只有进入到官觉范围内的“外物”才是金岳霖所要讨论的官觉外物,它不

① 金岳霖:《知识论》,商务印书馆1996年版,第103页。

仅在一套关系中，而且要和官能类相对，这样的外物才和呈现是同一的。所以，在这个意义上，胡军引用科学的感觉论也并没有驳倒金岳霖的所与理论。冯契之所以为他所驳倒，在于冯契是站在唯物论的感觉论的立场上，他必然要谈到官觉或正觉之外的外物，那么由于在官觉之外，当然在科学的感觉论看来，这与感觉内容是有一道鸿沟的，从而说红色和“760 毫微米的光波”是两个东西。

总而言之，在哲学认识论讨论的范围内，金岳霖站在正觉的立场上提出的所与理论较好地解决了感觉内容和感觉对象、呈现与外物的关系问题，但也不可否认对于这些问题的讨论将持续下去，譬如胡军建立在科学感觉论基础上的反驳。而且随着科学研究的深入，对于感觉论所涉及的问题也必将更加深入，不仅局限在哲学认识论的范围内。但是，我们也看到金岳霖在正觉立场上提出的所与理论和科学感觉论在某种形态上具有一致性，那就是都承认感觉内容和官觉外物是同一的，不同的是科学感觉论认为在没有进入到官觉之前的外物和感觉内容不是一回事，而金岳霖却并不讨论官觉之外的外物与感觉内容的关系。

第四章　正觉问题

正觉问题是感觉论的核心问题，在这一章中我们主要从正常、基本、证实、分辨、校对、范式六个方面展开分析。在这些分析中既涉及正觉的内涵譬如对“正常”这个概念的讨论，也会围绕着一些质疑金岳霖正觉思想的观点展开批判和辩护，譬如“正觉是否基本”“正觉是否可以被证实的”“正觉是可以作为分辨非正觉的标准”等。

第一节　正常

金岳霖对正觉下的定义是：“正常的官能者在官能活动中正常地官能到外物或外物底一部分即为正觉。”[①]

我们可以看到正觉之所以“正”，其中一个重要的概念就是“正常”。在金岳霖的《知识论》中，所谓正常是个体相对于相应的官能类而言的，个体的官能只要符合所属的官能类，就叫作正常：

> 正常官能者底正常是对于官能个体而说的，不是对于类而说的。我们决不至于碰见“不正常的类”。假如这名词有意义的话，它只是把所有的不正常的个体集起来自成一类而已。这些个体底不正常仍是相对于它们所属的类而说的；把色盲的人安插在不色盲的人底范围之内，他们的确不正常，可是让他们自成一类，他们都属于色盲类，而他们各

① 金岳霖：《知识论》，商务印书馆 1996 年版，第 125 页。

> 自正常。正常是对于个体而说的。所谓正常就是具有类型。正常的官能者就是具有所属类底类型的官能者。分类法既是根据于法则的，类型就是守法则的，一官能个体具有所属类底类型就是该个体遵守所属类底法则。这是从正面说。从反面说，假如一官能个体从来不守某一类底法则，这当然就是说它从来没有该类底类型；它既从来没有该类底类型，它当然根本就不属于该类。可见不守法则是临时的，特殊的，不规则的不守法则。一官能个体可以有时守法则，有时不守法则；守法则的时候，它是有规则地守法则，则它正常；不守法的时候，它是无规则地不守规则，则它不正常。一个一致的色盲的人不是一个视官不正常的人，而是一个正常的色盲者。总而言之，说N类中的M官能者 S_n^m 正常就是说M这一官能个体具有N底类型或遵守N类底官能法则。[①]

这里"正常"的概念涉及两个方面：1. 分类；2. 规范。所谓分类是官能类的分类，所谓规范是官能个体的行为是否符合官能类的规范。这里我们先分析规范问题。在金岳霖看来一个官能个体不守法则，而且是无规则地不守法则的情况就是不正常，而有规则地不守"法则"如色盲者不是不正常的，而是正常的色盲类的个体。他的意思是A类的个体当然不守B类的法则，不能在B类法则的意义上说A类不正常。但是这样"正常"又跟"客观"面临同样的问题了，也即正常是相对的正常，那么不仅没有不正常的类，也没有不正常的个体了，因为如果我们把那所谓的不正常的个体一个一个独立起来看，它们的不守规则也都绝对起来，那么它们都各自成一类，而相对于它们的类，它们也都正常。所以这里面有一个问题，就是如何分类，如何叫作临时的不守规则，如何叫作守规则。

关于分类问题，金岳霖说：

> 我们已经把个体分为有官能和无官能两大类。有官能这一大类

① 金岳霖：《知识论》，商务印书馆1996年版，第128页。

> 中，不同官能的个体当然可以分作不同的官能类。假如一类中有大同小异的官能，我们又可以把该类分为若干种。这里的分类完全是根据于官能与有官能的个体的，其他方面的色形状态不相干。色盲的人和非色盲的人虽然在身体发肤一样，虽然在别的官能上属于一官能类，然而在视官上不属于一官能种。不同的官能个体属于不同的官能类。鹰底视官和牛底不同，狗底嗅官和人底不同；这就是所谓官能底不同。这种官能底不同牵扯到官底种类底不同。一类中的官能个体当然也各自特殊地互不相同，但是这与种类底不同是两件事。站在唯主方式底立场，这不同的官能类底说法或许有困难，以人类或自我中心为立场，这说法也许有庄子所谓人乐鱼乐底困难。本书不以人类为立场；站在超然的立场上，这说法根本不至于有困难。我们一方面虽要表示这分类法完全根据于官能底不同，另一方面我们要表示这不同点是遵守法则的，不是临时的，不守法则的。假如醉眼对于视能有某一定的影响，则醉眼官能者自成一类；假如醉眼对于视能没有一定的影响，则醉眼官能者不自成一类。假如这里所谈的法则是自然律，所谈的分类法也是遵守自然律的分类法。①

可见所谓分类是基于自然律的，基于自然律也就是说器官在自然的条件下受到的影响都是符合自然律的，无论是器官自身的病变、外界的媒介以及所处的环境等自然条件对于器官的影响都包括在内。所以金岳霖举“醉眼”为例，当然他这里所说的“醉眼”能不能自成一类关键看对于视能有没有影响。但是细分起来，“醉眼”也有程度的问题，有些“醉眼”看外物没有什么变化，普通我们会认为没有什么影响，有些“醉眼”只是觉得有些朦胧，有些“醉眼”觉得天地晃晃悠悠，而有的“醉眼”则看月成双。单就这一个“醉眼”的情况来说，我们便可以根据程度不同、影响不同分成好几个醉眼官能类，这还不包括推到极限地看——认为“凡酒精皆对于视能有影响”而论，那样

① 金岳霖：《知识论》，商务印书馆 1996 年版，第 127—128 页。

地细分起来官能类或许是无数的。

另外我们考虑“临时性”，什么样的临时性我们就可以不把它看作自成一类，而只把它看作某一类中不正常的临时现象？所谓临时性，从字面思考，至少它不能自成一类是输在了时间短上，但短也有程度：或许是几天，比如我们常说我那几天眼睛发炎，看东西不正常，这几天好了；又或许是几个小时，比如风沙大、迷了眼，看不清东西，过了几个小时正常了；又或许只是几分钟，飞进眼里一只小飞虫，看不清楚东西了，过了一会儿揉揉就好了；又或许是一瞬间，比如突然一道强光射来，瞬间我只感觉到一白光，外界的任何都看不到了，但一瞬间之后又重新看到了。这些都是临时性的不守法则，都是由于自然条件改变使眼睛不能遵守规则。但我们看到这里面可能还有区别，或许会把发炎的眼睛看着自成一类，因为人的眼睛都有可能发炎，只要发炎就属于发炎类，至于发炎时看外物而言，或许不一样，但这个不一样属于“特殊”（下面会谈到），而受到的影响都可以归结到发炎，眼睛本身都属于发炎的眼睛类。与发炎的眼睛相比，也许很难把风沙迷了眼、小虫迷了眼、一瞬间强光致盲看作自成一类规则的，也就是说，这些才是“临时性”的。简单地说我们可以看到的区别是眼睛的病变所带来的一般会归为自成一类，而外界施加到眼睛上的条件，如果对视能有影响，也可以归为一类，如“醉眼”，但是我们分析过醉眼的程度问题，认为这种分类也几乎不可能。所以醉眼也一般跟风沙迷了眼、小虫迷了眼、一瞬间强光致盲都被看作是临时性的，或许就是时间太短了。这样分析下来其实发现，所谓临时性，完全是根据我们主观判断的临时性，还是没有标准。或许这个标准就是时间短，但短到多少算短这本身还没有标准。

当然我们说所谓时间的长短还是多数少数的问题，我们日常的规范中看待正常一方面是根据于事实本身，比如我们说色盲是不正常的，我们会给出一个理由说，色盲把红的看成绿的了，而我们非色盲者一般人都能看到红绿灯的红，但是这同时牵扯到多数少数的问题，如果这个世界上 99％的人都是红绿色盲，我们难道会把那 1％的人看作正常吗（从常识的角度说）？至少我们现在把那些能看到别人看不到波长的光、身体通过强大电流还死不了的人等这类的会叫作超常或者看作异常，但无论是超常还是异常实质上还是非正常的，在这个意义上我们说如果地球上只1%的人能看到红是红，其他99%的人都是红绿色盲看红是绿，而所有的牛看到红仍会生气，我们会把那99%的人认为不正常吗？或许不是这样，我们可能就把红说是绿的，我们会说牛见“绿”而生气，但是红和绿的确不同，牛见另外的绿不生气，因为色盲并不因为多数而改变，改变的是“正常”。也许到时候我们的教科书会这么写：“绿是有绿$_1$和绿$_2$的，我们人类的官能普遍是分不清绿$_1$和绿$_2$的，但是有1%的超常的人能够分清绿$_1$和绿$_2$，其中牛见了绿$_1$生气，牛见了绿$_2$不生气。”

所以我们认为，这种正常所基于的不同官能类的分类法以及排除临时性，无规则地不守法则地遵守规范的方式只能粗分不能细分；只能长时间段地分，无法短时间段地分。换句话说，就是只能大概地分，不能精确地分；纯粹是根据表面现象来分，而不是根据内部的机制。我们现在根据科学的知识都知道，所谓色盲是指对部分或全部颜色缺乏辨别能力的疾病。人眼之所以能够分辨颜色是凭借位于人眼中的视网膜上有三种感光细胞——锥细胞，它们各自对三种波长的光最为敏感，分别为红光、绿光和蓝光。所以当控制其中的某类细胞的基因发生异常，使该锥细胞失去正常感受对应光刺激的功能时，人眼便无法正确分辨部分颜色了。假如两种原色锥细胞异常，那么将完全不能分辨颜色，看到的是一个黑白的世界，这被称为全色盲。当然如前所述，锥细胞是主要对某种特定波长的光特别敏感，而对于其他颜色的光也有较弱的感受能力，所以理论上来讲，全色盲仍是可以微弱地看到一些颜色。当仅有一种原色锥细胞异常者，这称为单色盲，一般出现在对红色或绿色敏感的锥形细胞异常，结果造成红绿色盲。色盲的发生主要和遗传有关，但也有一些情况是由于视神经和脑的病变引起的。

我们之所以引论科学上关于色盲的患病机制，并非是说我们就认为金岳霖这里的分类或者分类的依据是错误的，而是我们可以比较两种分类所依据的机制。金岳霖对于官能类的分类标准虽然依赖于官能的不同，但是官能的不同又涉及类和种的区分，这样的正常划分起来的确很麻烦、不严格而且可能面临无穷无尽的分类。但金岳霖之所以定义正常添加这么多标准,在于他的正觉理论所把握的外物是官觉外物,而官觉外物在碰上色盲这类问题时,就使外物进入官觉的范围内,而不是混淆不做区分的本然的外物,使外物的性质问题比较好处理,避免了唯主方式从主观的或一时一地的官能活动出发,由呈现不同从而否定外物的性质取决于外物,进而把外物的性质只归结为感觉,极端的甚至会由此而把外物否定掉而归结为感觉。

金岳霖处理的方式是肯定外物的性质在呈现中不同,但是这个不同不是由纯粹的主观活动的感觉造成的,是由于外物的不同,但外物不是本然的外物,而是官觉外物,官觉外物本身又是由于主体的官能类造成的,在不同的官能类、官能种中的正常的官能活动中,官觉外物是不同的,但是不同的官觉外物有共同的本然个体。这同样是隔离了本然外物,把性质放在官觉中,关于性质的讨论从而成了官觉性质,官觉性质当然相对于官觉类的不同而不同,因而官觉外物本身就是相对于官觉类的不同而不同。这样处理显然避免了唯主方式从主观或一时一地的官能活动出发,但是不同的是,虽然唯主的方式由官觉活动外物性质的不一致而推错为性质只是感觉不同而非由于外物的原因,谈到性质时也没有割裂外物的本然性和官觉性,但是实际上把官觉性直接等同于本然性①,而金岳霖这里虽肯定外物的存在,但却分离了本然的外物与官觉的外物,也即分离了在认识过程中外物的本然性与官觉性,这样同康德的物自体与现象的分离又有什么区别呢。当然在现象理论(对金岳霖来说是官觉理论)方面二者也的确不同,金岳霖反对康德的先天模式:

> 康德当然是知识论大家。他底出发方式也是主观的。这主观虽不是个人底主观,然而是能底主观,心的主观。他底出发方式也在本节所讨论的方式范围之内。有一点是一部分的近代知识论者之所不能接受的,这就是他所谓先天的或必然的综合判断。在这里我们称为先天的

---

① 官觉性当然不同于本然性,我们在外物那章中的性质那一小节讨论这个问题。

综合命题。照现在的分析看来，命题果然是综合的它就不是必然的或先天的；果然是必然的或先天的它就不是综合的。另一点是本书所不赞成的。所谓感觉形式 form of intuition 有同样问题。如果形式是必然的或先天的，它一定没有任何积极性；因为它没有积极性，它一定为任何原料所接受；可是任何原料接受了它之后，不能给我们以任何消息。如果任何原料接受了这形式之后给我们以一些消息，那就是说成了一些甚么，则这形式一定是有积极性的；如果它是有积极性的，则它一定不是必然的或先天的。[①]

康德的先天的安排在金岳霖看来是能的主观，不是个人的主观，也就是说，他不是个体对于外物经验的私见，但是他是能的私见，或者他把能当作先大有所谓判断的私见的。在这个意义上，金岳霖认为康德是能的主观，相对于康德的能的主观，金岳霖安排的是有正觉。相对于康德调和经验主义与理性主义，金岳霖在这里反对先天综合命题，也即那些先天的、不必验之于经验的，而有觉虽在理论的价值上是先验的，但却可以验之以经验的，也即只有“经验之流”不断，说“有正觉”就是可以成立，而有觉就可以先于经验而在理论预先承认。在这个意义上我们回到“正常”这个概念，也就是说“正常”在理论上我们的确是可以预先承认的，但是它同样是展开于经验中的，只要经验不断地继续下去，正常就依然可以“有”，如果没有了经验，则也无所谓正常与不正常了，脱离经验则没有纯粹的先天判断的正常与不正常。

另一方面我们看到，关于“正常”，金岳霖对相对于官觉类的判断机制与科学的判断机制有所不同，科学机制上的确以色盲者为病、为不正常，它是以守还是不守某套规则为原则，跃出原则规范之外，就是不正常，它是以一元以制衡多元，以规则解读现象。因此站在科学机制的立场上，我们会看到很多的“不正常”，不正常的行为、不正常的人、不正常的现象……，而站在金岳霖的立场上，我们几乎找不到不正常的，因为它们都相对于它们的类而

① 金岳霖：《知识论》，商务印书馆 1996 年版，第 45—46 页。

“正常”。从知识的进步上来看，我们赞同前者，反对后者，因为规则的多元化带来的是对于现象的解释陷入相对主义的泥潭，而一元化则有利于使所有的现象在同一个标准体系下比较研究，并从而发现它们的区别。

另外，正常也有“正常的人”和“正常的官能者”的区分：

> 所谓正常既如上所述，正常的官能者当然是相对于官能类的。这实在是用不着特别提出讨论的。但是我们要注意这一点，所以特别的提出。视为官能类和视为别的类同样。牛类有正常的个体的牛，狗类有正常的个体的狗，可是视为官能类，牛类有正常的官能者，狗类也有正常的官能者，牛类中正常的官能者不必是正常的牛，狗类中的正常的官能者也不必是正常的狗，前者是相对于牛狗两类而说的，后者是相对于牛狗两官能类而说的。人类底情形同样，其所以我们寻常不感觉到这情形者大致因为我们狃于人类中心观。我们所谈的虽然是官能类，然而我们心目中所想象所注意的仍只是人类。人类既是一类，是人底官能个体我们也视为一类。前面已经说过，色盲的人，无论他是正常的人与否总是正常的色盲的官能者。我们不要把正常的人和正常的官能者混在一起。人类是官能大类，但是人类的确不止是一官能小类或官能种。正常是对于个体说的，可是，一正常个体底正常是相对于它直接所属的类而说的。本书不以人类中心观为立场，立场根本就不注重人类，即论到人类，本书也不以为它为单纯的官能类。[1]

这里所做的区分的确是我们平常感觉不到的，那是因为我们平常没有把“正常”分得如此细致。在这里，我们可以承认疯狗、疯牛甚至疯人，如果他（它）是色盲，他（它）也是正常的色盲者，这里的标准无疑还是以类的共性为标准。相对于与从官能上对人较为普遍和基础的划分类似，进一步，我们可以思考道德上也会划分正常与不正常，当然这就涉及道德标准。一个罪

---

① 金岳霖：《知识论》，商务印书馆 1996 年版，第 128—129 页。

犯，在道德上不是一个正常的人，但我们是否会把他们归为犯罪的一类之中的正常的人呢？或者关于道德，我们该如何使用“正常”一词呢？也许我们经常说道德上是有善恶的，但是相对于善恶，大多数人是正常的，称不上善，也称不上恶。我们关心的也即在道德上分类时根据于何种机制？如果一个具有唯一的别人都不具有的特点的人，无论是从官能类或者说是一种社会属性来说，他都是独一无二的，我们是否该把他看作是他那一类的正常的人呢？还是说，像科学的标准一样制定一个道德规范，做得到的，我们说他是道德模范，做不到说他是一个普通人，忤逆抵触的说他是不道德的人。至少比较官能和道德，我们看到官能这一方面比较硬，如与达不到官能类的一致的要求，那就是不正常，也就是说这里只有正常与不正常，没有中间说；而道德的方面，我们是把正常要求于普通人的，做得更好的我们称为模范，相反而行之的我们称为不道德的，但是有时候我们也把一些道德标准看作是基本的，譬如遵守交通规则、敬老爱幼，我们把遵守这些规则的看作正常的，或理所应当的，这时候这里的正常的确有点硬性了，虽然与道德模范相比也普普通通，但是它也带点“要求”。

在中国传统哲学中这方面的例子很多，以儒家为例，对于人的要求里面就包含了很多的道德因素，而不单纯的是一个吃喝拉撒的动物性原则，譬如孟子所讲的人之四端就是人之为人的基本规定，“无恻隐之心，非人也；无善恶之心，非人也；无辞让之心，非人也；无是非之心，非人也。恻隐之心，仁之端也；善恶之心，义之端也；辞让之心，礼之端也；是非之心，智之端也。人之有四端也，犹其有四体也”，这里把人之四端看作犹如人之四体一样是人的基本规定，这就是比较硬的规定，也就是说一个最基本的正常人都要符合这个规定。所以我们可以看到在不同的哲学家那里，对人之为一个正常人的规定是不一样的，无论从官能、道德还是医学等，正常之为正常必须是遵守一定的规范，没有脱离规范的正常。但是如此一来，就给别人以口实，即如果正常就是遵守一定的规范，那么为什么被称为“正常”的所遵守的规范是基础的，而其他的规范不是基础的呢？这也就是为什么正觉是基本的，而其他觉不是基本的问题。这也是第二节将要讨论的问题。

第二节　挑战与辩护

一、基本

在金岳霖看来，正觉是最基本的。但是也有不少学者质疑，因为如果不从知识论的理论的安排以及限制在自然律的范围之内，从概念的纯粹演绎来看，沿着"觉——官觉——正觉"这样一种逻辑安排似乎是理所当然的，譬如胡军说：

> 从感觉说，"正觉"不是基本的。因为"正觉"首先是官觉，而官觉又是觉这一事实，就说明了"正觉"不是基本的。[①]

然而，确定什么"概念"或者"行为"为最基本的，往往不能站在纯粹逻辑的立场上去说，而总是在一个具体的理论的安排中，当然也不能想当然地任意规定一个"概念"或"行为"为最基本的，它总是也要符合一定的理论规范和具体规律。譬如在《知识论》中，金岳霖谈正觉以及对正觉的安排就是在自然律的范围内而言的，他说：

> 官觉不如正觉基本。用以决定官觉之为官觉的是正觉，从理论着想，正觉是基本的，它是官觉底根据。也许有人会说这不能够，因为正觉也是官觉。正觉虽是官觉，然而它仍是正觉。我们所谈的是正觉基本。人虽是动物，然而从某些方面着想人比动物重要。这一思想似乎没有多大的问题。[②]

---

① 胡军：《道与真》，人民出版社 2002 年版，第 170 页。
② 金岳霖：《知识论》，商务印书馆 1996 年版，第 174 页。

胡军和金岳霖的说法是两种很有代表性的对立观点：站在纯粹逻辑还是某一种理论的立场上确定最为基本的概念或者行为。

当然，这个争论的具体既然涉及正觉和官觉以及觉这几个概念，那么我们首先先明确正觉和官觉各自的内涵以及彼此的关系。

先看正觉，金岳霖说：

> 正常的官能者在官能活动中正常地官能到外物或外物底一部分即为正觉。……头一点我们要注意这里所谈的相当于英文中 sensation 或 external sensation，而不相当于具有 sense-date 以为内容的活动。后者是我们以后要讨论的官觉。①

关于官觉，金岳霖认为是“能随时以正觉去校对的官能活动”。②

关于正觉与官觉的关系，他说：

> 本书所谓正觉似乎是许多英文知识论书中的 sensation，可是它不是。就 sensation 之非错觉，幻觉，……等等说，它似乎是正觉；就它只有内容而不必有对象说，它又不是。就无形中的假设说，它有时是正觉；但是，就明文的表示说，它的确不是。在所谓朴素的实在论中所谓 sensation 应该就是本书的正觉，可是，我们不大容易碰见专论朴素的实在论的书，只看见批评它的书，而在这些书里所谓 sensation 不是正觉。所谓正觉没有相当于它的日用的名词，所谓官觉也没有。这里所谓官觉显而易见不是 Sensation，因为它包括以后所要提出的错觉野觉或非正常的官能活动。所谓 Sense-experience 也许包括错觉野觉，从这一点着想，它似乎是本书所谓官觉；但是它包括不能随时校对的长期的幻觉，所以它也不是本书所谓官觉。虽然如此，本书底官觉并不是奇怪

① 金岳霖：《知识论》，商务印书馆 1996 年版，第 125 页。
② 金岳霖：《知识论》，商务印书馆 1996 年版，第 163 页。

的事情,它就是日常生活中的官能活动。假如我们注重“日常”两字,我们当然会把睡眠中的梦觉和有病时期中的长期幻觉撇开。把这二者撇开之后,所谓官觉经验就是这里所谈的官觉。[①]

在这里,金岳霖给出了官觉的两个定义:

定义 1:官觉是能随时以正觉去校对的官能活动。

定义 2:官觉就是日常生活中的官能活动。

在定义 2 中跟着有一个条件约束:排除了做梦和病中长期幻觉这些情况之后的“日常”。关于定义 1,是以正觉来界定官觉,原因在于金岳霖认为官觉没有正觉“基本”,正觉是官觉的根据。对于这个基本,金岳霖有解释“人虽是动物,然而从某些方面着想人比动物重要”,显然这跟胡军所说的“基本”不是一个意思。金岳霖的“基本”可以这样理解,人是现在存在的,所谓人类对应一个一个的人,它有具体的所指,也就是说这个概念没有那么“空”;而动物的确比人的外延大,但是它不对应具体的外物。我们日常会说人是动物、狗是动物、猫是动物,菊花不是动物,但日常生活中我们绝不会指着路边的一条狗说“看,那个动物正在啃骨头”,除非有一种情况——我们不认识那是一条狗,如果知道那是一条狗,我们一定会说那条狗在啃骨头。也正是在这个意义上,我们认为金岳霖所说的人比动物重要,意思是人离经验更近,离个体、离具体更近;而动物是建立在许许多多像人、狗、猫这样的类的概念基础上。我们理解了什么叫动物、植物,我们不一定能理解什么叫人、猫、狗、草、树、花。相反,我们正是分别了这些不同的类,然后给它们分门别类,结合其不同的特征,才有了动物、植物这样的概念。就像我们教小孩子学习一样,我们大概不会先教他认识什么是动物、植物,然后再教他认识猫狗花草。人不仅可以说是人类,也可以说这个人、那个人;但动物通常只能在类的意义上使用,而不能说这个、那个。

也正是在这个意义上,我们说正觉比官觉基本,官觉比觉基本,因为正

① 金岳霖:《知识论》,商务印书馆 1996 年版,第 165 页。

觉离具体的经验更近，或者说正觉本身就包含着经验，可以经验地来用。相反，如果从觉开始论起，我们不能直接知道什么是觉，该如何定义觉呢，又如何以觉来定义官觉呢？[①] 至少从正觉开始，比较符合我们从经验来理解或者建立这些概念的顺序。因此，虽然从逻辑上看正觉属于官觉，官觉属于觉，但并不能因此就认为官觉比正觉基本，觉比官觉基本。从逻辑上，我们认为官觉的外延比正觉大，觉的外延比官觉大，在这个意义上，我们说官觉包括正觉，觉包括官觉。

正觉与官觉的关系不同于白马与马的关系。如以上所论，正觉、官觉牵涉到经验的发生问题，是经验概念，不是纯粹的名词概念之间的种属关系。胡军的质疑等同于把它们看作是两个名词概念来理解的。譬如白马和马，都是类的概念，不同的是白马的类小些，马的类包含着白马的类；马当然也比白马基本，无疑是先有马的概念，后有白马的概念；马不依赖于白马来界定，白马依赖于马界定；白马也不是马的主要内容，白只是颜色，只是其中的一种分类标准，其他还可以有根据地域、种类等许多分类标准。正觉和官觉则不同，官觉虽然包含正觉，但官觉要靠正觉来界定，正觉是官觉的主要内容，它是一般的正常的官觉活动。以正觉为标准，我们才能区分其他如错觉、野觉、梦觉、幻觉，从而建立起官觉和非官觉的概念的分别。但这并不是说其他的觉的发生晚于正觉，从经验发生的角度来看，各觉平等，这也是金岳霖所承认的。金岳霖之所以以正觉为基本、为校对的标准在于正觉为最基础可信的信念，符合自然律，[②]是朴素实在论的立场中的感觉，也就是人们日常生活中的一般感觉。

在金岳霖看来只有逻辑的或理论的先后，而没有“逻辑底”先后。所谓“逻辑底”也就是站在纯粹的逻辑的立场上：

> 纯粹的逻辑命题都是彼此底必要条件，否认任何一逻辑命题也就

---

① 金岳霖：“本书根本没有预备单就觉底立场来给官觉下定义，别人也许能够如此办。”(金岳霖：《知识论》，商务印书馆 1996 年版，第 33 页。)

② 也许在超出自然律的情况下，正觉就不能作为最基本的出发点。

否认任何其他的逻辑命题。它们只有系统上成文的先后,没有系统之外超乎系统的先后。[①]

系统上成文的先后也就是在系统中出现的时间的先后,时间的先后不是所谓的"逻辑底"先后,而所谓"逻辑底"先后要看怎么说。以红与有色为例,认为有色先于红,是以必要条件为先充分条件为后的先后;同样以为觉先于官觉、官觉先于正觉,这也是以必要条件为先充分条件为后的先后。金岳霖认为这要看我们从正面说还是从反面说,也就是以哪个条件为先。以觉先于官觉、官觉先于正觉也类似于以科学原理解释现象,遂认为原理比现象基本,但是金岳霖认为从知识论的系统安排上来说,也就是站在经验的立场上,正觉比官觉基本,官觉比觉基本:

Eddington 在他底 *Nature of the Physical World* 里曾说过类似这样的话:如果我把手摆在桌子上,表面上似乎是一件简单的事,"实在"并不简单,我底手实在是一大堆的电子往下压,桌子是一大堆的电子往上迎。这显而易见是把"手摆在桌子上"当做不甚"实在"的事,而把电子底动态当做非常之"实在"的事。也许物理学底条理是以细微世界底状态去解释耳闻目见范围之内的状态,而在此条理上,前者与后者两相比较,前者会根本到一程度可以使我们说如果前者"实在",后者仅是"表面"而已。可是这不是知识论底条理,在知识论上,耳闻目见的状态"先"于细微世界底状态。[②]

金岳霖认为逻辑的先后或理论的先后并不是"逻辑底"先后,只不过是一门学问或一思想图案的条理的先后,而从纯粹逻辑的立场出发,无所谓先后。因此,从知识论的条理出发,从朴素实在论的立场出发,正觉比官觉基

① 金岳霖:《论道》,中国人民大学出版社 2006 年版,第 5 页。
② 金岳霖:《论道》,中国人民大学出版社 2006 年版,第 5 页。

本。而且不仅不能从非官觉开始，也不能从官觉中非正觉开始，因为如果把其他的觉当作首要的研究对象，虽然可以得到关于它们的知识，但是关于它们的知识的来源仍然是官觉，或进一步说是正觉：

> 我们当然可以把其他的觉视为研究底对象，把它们视为"所"去研究，因研究而得知识。我们虽然可以把它们视为"所"去研究，我们虽然可以得到对于它们底知识，然而对于它们底知识底大本营仍然不是它们本身而是官觉。我们这里所讲的普通所谓知识，不是迷信。现在还有人相信梦中的景况是梦外的征兆，幻觉中的形形色色是鬼使的情形……等等；可是我们不认这样的信念为知识。有对于梦觉幻觉及妄觉底知识，没有以梦觉幻觉妄觉为工具或根据而得到的知识。说知识底大本营是官觉不是其它的觉也不是说其它的觉对于知识毫无贡献。某生理学家在梦中所发现的是生理学家所承认为重要的发现。幻觉与妄觉也许有同样的情形。但是梦中所发现的不能只在梦中证实或证明；要这些发现成为知识还是要等以官觉为工具或根据的知识来证实或证明。[①]

在金岳霖看来，其他的觉也不能作为立场、不能作为基本的阿基米德点出发在于：首先，从梦觉、幻觉等出发的迷信不是知识；其次，生理学家或心理学家的作为研究对象的梦觉、幻觉等问题所得到的知识要证实或证明仍然要依赖正觉；再次，对于其他的觉的知识的大本营仍然来源于正觉，从这些意义上说，抛开都是经验的立场不论，正觉也优先于其他的觉。因而，正觉比官觉基本，官觉比觉基本。这不是一个纯粹的逻辑的问题，而是一门理论针对它所要研究的对象(知识)所作出的符合逻辑的安排。

---

① 金岳霖：《知识论》，商务印书馆1996年版，第32页。

二、证实

正觉的证实是一个大问题，也是一个难问题，在这一方面有很多学者对金岳霖证实正觉的方法提出异议，这里我们先看一下金岳霖是如何证实的，他说：

我们在这里正式地肯定有正觉。这一命题不限制到人类。假如人类有正觉，当然“有正觉”。即令人类没有正觉，只要别的官能类有正觉，依然“有正觉”。接受-命题总牵扯到证实问题，假如我们要求证实，这一命题是随时可以证实的。我现在手里有一个小“皮球”，我看见它，我抓住它都是事实，而这些事实证实“有正觉”这一命题。也许有些读者认为这样的证实近乎笑话。其所以如此者，因为他们习惯于从觉中去找官觉或以官觉为只有内容的而设法从内容中去推论或建立外物，在如此场合下，正觉当然是不能证实的。在这种场合下以上所列举的“事实”只有证实有觉而已，或有官觉而已，当然不证实有“皮球”这一外物，这些人先把“我看见一皮球”这样的事实解释成“我底视野中有一以皮球相称的视觉内容”，这样的“事实”当然只能证实有是皮球的内容，不能证实有是独立存在的外物的皮球，因为后者已经为思想上的安排挤走了。请注意如果在唯主方式下，“我看见一皮球”这样的事体能够证实一如何如何的内容，在本书底方式下，这样的事体也能够证实一如何如何的外物。……以上是否证实呢？谈到证实免不了发生标准底建立，工具底引用，及二者底理论。愈发达的学问所要求的标准愈严，工具愈精，理论愈完备。以上的证实似乎失之于粗疏。对于这批评我们有两方面的思想，一是表示粗疏的证实依然是证实，我们不能因为它粗疏就否认它为证实。在日常生活中我们的确认(1)条所说的事体为证实。假如我们对于某间房子里的东西中有无桌子这一问题，我们会去看，或者着人去看。如果在那间房子里，我们或派去的人看见桌子，我们底报告一定是“那间房子里有桌子”，如果所谓桌子只是内容的桌子，这一看就证实了有内容的桌子；如果所谓桌子是兼外物的桌子，这一看就证实了有外物的桌子。在日常生活中我们承认这样的证实。它也许粗疏，但是它仍是证实。另一方面也许有人会发生疑难，会接二连三地发生“为甚么”这一问题。这问题当然是很好的问题，但是假如我们打破沙锅而根本就不预备有底可到地问下去，一个很好的问题会变成很坏的问题。显而易见，如此地问下去，任何答案都不能打住问题。合理的疑难总是以知识或经验为根据的。就知识说在本阶段的知识论上，我们根本谈不到精确复杂的证实，我们只能以经验上的实在感为依归。就经验说，以上的证实毫无问题。[①]

以上是金岳霖对于“有正觉”这一命题的证实。在这一节，围绕这一命题我们有三个问题需要分析：1. 论证与证实；2. 合理的怀疑；3. 基础信念。

论证与证实不同，论证偏向于分析理据与结论之间的逻辑关系，主要是以逻辑推理为手段，而证实则偏重就结论拿出事实来证明：

论证总包括“按道理说”的方面——摆事实讲道理，即使拿出了事实，还需要说理。科学家正在讨论火星上有没有水，哪年宇航员到了火星上，在一个洼地舀起一碗水来，谁都不用再论证了。拿出事实就结束了争论的情况，最好说“证实”而非“论证”。[②]

在金岳霖这里可见的确是证实而不是论证，而且这种证实是站在朴素实在论的立场上，一般人从常识出发去证实一间房子里面有一张桌子，的确是采取进去那个房子去看一看这种方式，这无疑是最朴素的方式拿出事实证明结论，这可以说服一般人，因为一般人满足于现象层面的证实，但是不能说服某些哲学家，因为在某些哲学家看来现象与本质有区别，对于现象的

---

① 金岳霖：《知识论》，商务印书馆1996年版，第137—138页。

② 陈嘉映：《说理》，华夏出版社2011年版，第191页。

解释不能满足他们对于本质的诉求，他们不仅要求证实，而且要求论证。对此，我们当然有必要分析提出论证的要求是否合理，以及其背后的怀疑要止步于何处才是合理的。

暂时抛开这种朴素方式，日常生活中我们常遇到有一种情况，譬如法庭辩护，无论是律师做有罪辩护还是无罪辩护，他总要列举证据来证明证据本身是能够契合或证明结论，这就是一种论证，而不是证实。或许在法庭上，其中有一个证人说，我看见A杀人了，如果A承认杀人，那么证人的这种行为就是证实，他通过他的看直接就证实了结论。但是如果A不承认，法官就要求证人对他的"证实"提供"论证"，进入论证就要关涉到很多条件，它不仅要求证人所提交的各种证据彼此间的逻辑关系没有矛盾而且要能够相互佐证。譬如当A说我看到了的时候，对方律师要求A应当证明他当时是处于清醒状态，比如并不是在醉酒等状态下的看，如果是在不清醒状态下，那么他的看本身法律效力就减弱了甚至不被采纳，另外还要考虑当时的光线、距离、角度等环境条件。但也有这种情况，可能A当时看到B用拳头把C打倒然后跑了，C倒地不起，后来事实上C死了，A于是提供证词认为B杀了C。但实质上A看的当时C并没有死亡，后来C醒来，B又回来和C打架，把C打死了，但这次真正造成C死亡的行为并没有目击者。然而两次行为相差时间过短，尸检上也无法精确到提供死者死时与A目击时的时间误差，于是法庭就采纳了A的证言。但A的论证的确是错的，因为他的证实以及论证都是根据于第一次B、C之间的打架作出的，事实上B的确打死了C，B以为A看到了他第二次把C打死的过程，而所述的地点、时间又差不多，于是B招供承认打死C。然而我们看到，结论虽被证实，但是论证确是错误的，而这个错误是由于误差的细小而无法被细致地观察到，就认为是我们看到。也就是说，在法庭辩护中，证实不能取代论证，论证是辩护必要的手段，法官的判断取决于论证的有效性，论证的有效性取决于证据之间的逻辑性，但有时候错误的论证可能与被证实的结论完全一致。法庭辩护中的论证有一点弱意义上的哲学论证的要求。在哲学上同样：

> 证实不能代替论证。证实与论证的关系是间接的,证实所证实的是结论部分,而不是论证的有效性,即不是论证与结论之间的逻辑关系——我可能通过错误的推论认为火星上有水而结果火星上证实果然有水。[①]

也正是在这个意义上,大多数基于本质诉求的哲学家要求论证,因为基于摆事实的现象,证实方式在某些情况下可能存在错误。但这里我们同样需要警惕的是,对于日常生活中的这种现象层面的证据辩护的论证方式,虽然其类似于哲学论证的要求,但是其中的证实是否也类似于哲学上的证实呢?就哲学上的证实而言,譬如金岳霖对于“有正觉”这个命题的证实显然不同于法庭辩护中证人的证实,二者虽然都引用日常行为的事实为证实的依据,但是前者是以现象证实命题、证实信念,而后者是以现象证实现象,当然不同。后者容易被接受,只要现象符合,有充分的依据,我们便认为此事真实发生;而前者则不同,它要通过现象使我们接受一个命题或者信念。也就是在这一点上,哲学家有所分歧,一部分人认为这种情况下必须提供论证,没有符合逻辑的推理论证命题就无法成立;另外一部分人则认为如果一命题属于基础信念,那么这一基础信念无法通过论证达到,而通过摆事实的方式就可以证实。当然对于这个问题的处理一方面涉及基础信念,另一方面涉及怀疑的合理性,我们不妨从后者开始。

哲学上论证的直接要求是怀疑主义开出的,怀疑主义总是要求我们对所肯定的现象、事实、命题提供辩护,而辩护也就是一个论证的过程,这时通过证实当然无法满足怀疑主义的要求,要应对怀疑主义的责难,必须要提供一套逻辑严密又言之成理的说法。我们看到,怀疑主义对于知识而言,无疑是从古希腊就一直存在着的传统,怀疑主义最基本的方式无疑是从最简单的现象入手,比如你怎么知道你看到的就是真的,而不是幻觉或者错觉?你怎么知道明天太阳一定会升起来?你怎么知道……。当你提出一个回答作为理由时,他会针对这个理由又提出质疑,当然无休止的怀疑、极端的怀疑

---

① 陈嘉映:《说理》,华夏出版社 2011 年版,第 191 页。

主义在知识论上是没有多大意义的，的确会造成把一个好问题变成一个坏问题，多数的怀疑主义者并不是极端的怀疑主义。合理的怀疑有利于知识的进步。

金岳霖所批评的唯主方式，好多问题当然是由怀疑而产生的，因为照一般人的思维习惯或行为方式，大概不会去思考有没有正觉、有没有外物这样的问题，但是面对怀疑主义的挑战，无论是选择唯主方式的还是朴素实在论的立场都要给正觉和外物以说法，因为问题一经提出，无法回答就会陷入不可知论，而不可知论显然与知识的目的和要求是相悖的，因此对怀疑主义的回答，使哲学家思考如何证实有觉、外物这类被怀疑存在的对象。但另一方面有些哲学家试图解决怀疑主义的问题时却也容易弄错方向，譬如摩尔会以举起自己的手来证明"我知道我有两只手"这样的方式来反击怀疑主义。这在维特根斯坦看来就是弄错了方向，因为怀疑主义怀疑的并不是你有没有两只手，而是会提出你犯了系统性的错误，可能陷入一致性的幻觉或者其他，在这种情况下，你其实并不真的"知道"。当一个哲学家说知道时，他运用的是一种哲学语言，而不是日常语言，因此，"知道"本身作为哲学语言的使用，它就进入了语言游戏，就必须要符合语言游戏的规范。关于语言游戏，维特根斯坦说：

> 摩尔在"我知道……"这个命题上的错误用法在于：他把这个命题当做一个像"我感到疼痛"一样难以怀疑的语句。而且因为从"我知道情况是这样"能够推断出"情况是这样"，所以对后者也不能加以怀疑。[①]

> 摩尔的错误在于他通过说出"我知道这件事"来反驳关于人们不能知道这件事情的断言。[②]

---

① 维特根期坦：《论确实性》，广西师范大学出版社 2002 年版。第 31 页。
② 维特根期坦：《论确实性》，广西师范大学出版社 2002 年版。第 84 页。

这样说大概是正确的："我相信……"具有主观的真实性，但是"我知道……"却没有主观的真实性。或者再说一次，"我相信……"是一个表达式，而"我知道……"却不是。①

摩尔有很好的理由说他知道在他面前有一棵树。当然他可能是错的。（因为这不同于"我相信那边有一棵树"这一说法。）但是不管就这个实例讲他是对还是错在哲学上并不重要。如果摩尔是在攻击那些说人们不能真正知道这样一件事情的人，他是不能通过让他们确信他知道某某事情来进行攻击的。因为人们不一定要相信他。如果他的对手断言人们不能相信某某事情，他就会回答说"我相信这件事情"。②

"我知道……"这个说法只有在与我的知识的其他证据相联系时才能有意义。所以当我对某个人说"那是一棵树"，这就好像我告诉他说"那是一棵树，你可以绝对相信这一点，关于这一点没有一点疑问"。一位哲学家也许用这句话来表明人们实际上使用这种说话形式。但是如果他用这句话不是仅仅为了谈论英语语法，他就必须指出这个表达式在其中起作用的情况。③

我反对摩尔的理由，即认为"那是一棵树"这个孤立的句子的意义是不确定的，因为被说成是一棵树的"那"是什么并未确定——是无效的，因为人们能够通过比如说"那边那个看来像树的物体并不是树的人造复制品，而是一棵真树"而使意义更为确切。④

维特根斯坦对摩尔的批评主要集中在摩尔一方面弄错了怀疑主义所怀

① 维特根期坦：《论确实性》，广西师范大学出版社 2002 年版。第 31 页。
② 维特根期坦：《论确实性》，广西师范大学出版社 2002 年版。第 83—84 页。
③ 维特根期坦：《论确实性》，广西师范大学出版社 2002 年版。第 69 页。
④ 维特根期坦：《论确实性》，广西师范大学出版社 2002 年版。第 72 页。

疑的对象,另一方面错用了语言游戏中“知道”这个概念。那么金岳霖的“证实”是不是犯了摩尔同样的错误?答案是否定的,金岳霖这里说“我知道”不是以此来驳斥怀疑论,而是证明有正觉:“我现在手里有一个小‘皮球’,我看见它,我抓住它都是事实,而这些事实证实‘有正觉’这一命题”[①],这在维特根斯坦看来是“知道”的正确用法:

> 在法庭上证人仅仅保证说“我知道……”,是不会让任何人相信的。必须表明他能够知道。甚至当某个人在看他自己的手时说“我知道那是一只手”这一保证也不会让人相信,除非我们知道说这句话时的情境。而如果我们确实知道这些情境,这句话看来就是让人相信说话的人在这方面是正常的。[②]

无疑,金岳霖交代了这种情境,也是为了证明有正觉,即人在这方面是正常的,在这种意义上说“我知道我有正觉”是符合哲学游戏的语法规范,而且“我相信我有两只手”“我相信我能看到小皮球”“我知道我有这方面的正觉”,这些基本的信念构成了整个语言游戏的基础:

> 如果我说“我有两只手”,我能补充说些什么来表明我的可靠呢?最多是说在通常的情境下。但是我为什么这样确信这是我的手?整个语言游戏是否都依靠这种确实性?或者说难道这种“确实性”不是早已在语言游戏中预设了?也就是说凭借这一事实:如果人们不能确实无疑地认知物体,也就不是在进行语言游戏或者说是在错误地进行语言游戏。[③]

维特根斯坦的表述无疑牵涉基础信念的问题,关于正觉的存在与否的

---

① 金岳霖:《知识论》,商务印书馆 1996 年版,第 137 页。

② 维特根期坦:《论确实性》,广西师范大学出版社 2002 年版。第 68 页。

③ 维特根期坦:《论确实性》,广西师范大学出版社 2002 年版。第 71 页。

确属于基础信念问题，而关于“有正觉”的证实，一方面像金岳霖所提出的那样，另一方面我们则需要从语言游戏出发，在这个意义上，我们认为“有正觉”不仅有着经验事实的证实性，而且具有语言游戏的基础必然性。当然金岳霖没有从语言哲学的层面论述，但是他说：

> 正觉之有是一基本肯定。这一肯定不但是肯定有官觉者而且肯定有外物。本书所表示的知识论不是一演绎系统，有些思想虽以前提底方式去承认它们，然而我们不以系统的或演绎的方式去安排它们。①

这里“有正觉”无疑扮演了基础信念的角色。我们必须相信有正觉才能开始即便是怀疑的讨论，怀疑不能无限制地没有基础地怀疑。

也即虽然可以怀着打破沙锅的精神去问，但是无论如何彻底地怀疑总是要有底的，而没有底的怀疑、怀疑一切的怀疑其本身就不构成怀疑，这是语言游戏的规范，或者说对于某些基础信念的确证内在于语言游戏之中。而那些破坏规则的怀疑、不构成怀疑的怀疑则看起来有些荒诞，就像维特根斯坦所讽刺的那样：

> 我的困难也可以这样来表示：我正坐着同一位朋友谈话。我突然说：“我一直知道你是某某人。”这真是一个多余的(尽管是真实的)说法吗？我感到这些词就好像在谈话中间向某个人说声“早上好”一样。如果我们说“人们近来知道有多于……种类的昆虫”，而不说“我知道那是一棵树”，那么情况又是怎样呢？如果某个人突然不管一切语境而说出第一个句子，人们也许会想到：他当时一直在想另外某件事情，而现在却大声说出表示他一连串思想的某个句子。或者又可以说：他精神恍惚，说话时全不明白说的是什么。因此在我看来似乎是：我在整段时间内都知道某件事情，然而在讲出这种真实情况时却使得这样说没有意义。

---

① 金岳霖：《知识论》，商务印书馆1996年版，第123页。

> 我正同一位哲学家坐在花园里，他一次又一次说："我知道那是一棵树"，同时指着离我们很近的一棵树。第三个人来到听见了这句话，我告诉他说："这个人精神并没有失常，我们不过是在进行哲学思考。"[①]

因此学会怀疑，正确的怀疑是我们面对怀疑主义的责难时知道问题该如何回答，而合理地怀疑一个问题时才能使怀疑本身具有意义和有效性。昆坦说：

> 如果任何信念从根本上需要确证，那么必定存在某些直觉的信念。直觉信念的可信赖性不依赖于其他的信念……如果任何信念要得到确证，就必须存在着一类基本的、非推论的信念，使确证的回溯停止。这些终极性的直觉信念在某种自身确证的意义上无须是自明的，而只要求不是用其他信念来确证它们。[②]

当然引入基础信念的概念是基础主义对于回溯论证的一个处理方式，这里我们不做展开讨论。我们关心的仍是金岳霖对于有正觉的证实，从以上的分析看，对于怀疑主义的责难，我们有义务提供论证，但是怀疑并非能够怀疑一切，像"有正觉"作为基础信念的命题，不能怀疑，金岳霖的证实也不是针对于怀疑主义的责难，因此对于基础信念的正觉之有的证实可以通过摆事实直接证明，而无需再讲道理、逻辑推论、展开论证。相反摩尔把怀疑主义的问题看作是对基础信念的怀疑，进而又通过论证而不是证实来回应这种怀疑，这当然与金岳霖的证实不同，金岳霖证实了有正觉。以上分析了合理的怀疑与基础信念（相信）的关系，基础信念不可怀疑，怀疑的合理性正是建筑在基础信念的基础之上，也即必定要首先选择性地相信某些基本事实，但另一方面也要注意这里所谈基础信念的范围，避免把基础信念普遍化。

---

① 维特根斯坦：《论确实性》，广西师范大学出版社 2002 年版。第 74—75 页。

② 转引自张立英、曹剑波：《几种所与论及其评析》，河南师范大学学报（哲学社会科学版）第 35 卷第 2 期。

要理解西方哲学语境中的怀疑这一基本概念的内涵及其应用范围，至少要从三个方面入手：第一，是源自古希腊的知识论传统并延续到今天的哲学怀疑论，以上也做了部分考察，批判了彻底的怀疑主义，并支持合理的怀疑，所谓合理的怀疑就是必然建立在某些基础信念，或基本事实之上，而这些基础信念或基本事实包括我们的正觉。第二，作为无神论者，基础信念不涉及信仰成分，可以把诸如有正觉、有外物、有时间、有空间等这些当作基础信念而毫不怀疑。而作为有神论者，信仰则是基础信念的一部分，在有神论者的基础信念中包含着有神、有彼岸世界、有奇迹等，有神论者信念中“有”的范围比无神论者的“有”的范围要“大”，但这并非就等于要承认精神实体化，也并非把精神信仰的实在等同于物质实在，因为至少在承认抽象实在存在的哲学家那里，物质实在并不比抽象实在更为实在。

在金岳霖这儿物质实在就不比共相实在更实在，个体消失，该个体的实在随之消失，而作为共相的类，只要该类的个体没有完全消失，那么该类依然实在。所以基础信念虽然某些情况下可以呈现出超时空的特点，但并非完全是荒谬的。当然抽象实在的信念与精神信仰也不相同，精神的信仰在德尔图良看来“正因为其荒谬，才值得信赖”。所谓荒谬也就指出了信仰者与非信仰者对于一个信念的相信与怀疑：非信仰者当然认为其荒谬而怀疑；信仰者认为神迹不是凡人之所能见，正因凡人所见而认为荒谬，才说明神迹的可信赖性。当然这里荒谬成了一个充分条件，而实质上德尔图良应该把它看作是一个必要条件，因为荒谬而不可信的事情依然很多并不能都作为神迹来看待，否则会造成神迹流俗化从而引起宗教感的瓦解，德尔图良不过是利用这一条件加强其对于反对者的反驳。[①] 第三，怀疑是科学发现以

① 关于宗教信仰中的怀疑是一个复杂的问题，在这里我们不展开讨论，只点出在作为基础信念的宗教信仰中的怀疑概念同样不是只具有一种消极和否定意义上的内涵，“觉得自己的信仰不完美，这对于他的信仰是必不可少的。‘信仰包括它本身和对它本身的怀疑’，蒂利希写道。然而，按照基督教的信仰，对真实信仰的这种内在怀疑是有罪的，而且这种罪是根深蒂固的痛苦的来源。去掉怀疑、罪和痛苦，基督教信仰就变成了自我讽刺。它就变成一组不准确的、常常是虚假且大部分是毫无意义的陈述，伴随着一些惯常姿势的自鸣得意的道德说教。这是一切努力所禁止的终点：它通向虚无的堕落。”(波兰尼：《个人知识》，贵州人民出版社 2000 年版，第 430 页。)

及反对旧科学框架的重要方法论。科学研究中的怀疑必不可少，一方面是对于原理与现象的不吻合产生异常的怀疑，另一方面是直接对于现行科学原理及框架本身的怀疑。但无论何种怀疑，都是科学研究突破壁垒和成见的主要方式，这一点不做展开讨论。

以上所分析的怀疑是在不同范式内的怀疑，展示了合理怀疑的维度，然而更为广泛的怀疑就像波兰尼所例举的那样普遍存在于日常生活和行为之中，是每时每刻都随时发生或即将发生的，他说：

> 我们可以在相当广泛的意义上谈论怀疑。正如在任何稍微具有智力的动物的行为中都可以观察到的那样，瞬间的犹豫都可以被描述为怀疑。射手从瞄准时直到勾动扳机之前为止都可能处于怀疑状态。一位诗人重新把一个诗行修改正确的尝试就充满了这样的犹豫。[①]

但是无论何种怀疑，其怀疑本身也必然要从一定基础出发，没有凭空的怀疑，也没有无所限制的怀疑，怀疑总是具体的，而不是抽象的。而对于怀疑的回答，可看到理智应止步于何：对于哲学认识论中的基础信念，通过事实来证实当然是足够的，对于宗教信仰中的基础信念，怀疑无法寻求证实，只能选择信与不信。由此可知，证实也并不总能解决基础信念的怀疑问题，而只是对哲学认识论中的基础信念有效，因此，我们认为金岳霖对于正觉的证实可以回应合理的怀疑，当然它对打破沙锅问到底的怀疑无效，但是我们说过那种怀疑本身就是无效的怀疑。

三、分辨

在知识论中，金岳霖认为正觉不仅是最为基本、无可怀疑的概念，而且还是其他非正觉判断的标准。但是对于这种看法，有的学者并不认同，譬如胡军就提出了疑问：

---

① 波兰尼：《个人知识》，贵州人民出版社 2000 年版，第 417 页。

当我们仅仅站在感觉经验的立场上，我们根本就无权说某一种感觉是正觉，而不是错觉或别的什么觉。在日常生活中，我们错认了人或事是经常发生的。所以，金岳霖简单地抛开错觉、野觉、梦觉和幻觉是不对的，是没有理由的。[①]

胡军的观点有道理，但也有问题。首先错认和错觉不同，错认是认识，错觉是官觉，在知识论中官觉和认识不同。

官觉的定义是“能随时以正觉去校对的官能活动”。[②] 具体来看：

官觉是由官而觉，各官底官能不同，所觉也不同，显而易见视官之所能觉或所觉是颜色形式等等，味官之所能觉或所觉是味，听官之所能觉或所觉是声音……等等。普通我们只说看见红或听见响。单就红或响说，我们只有看见与否或听见与否底问题，没有认识与否的问题。单就视能说，只有色有形，如果兼有觉也许是红是四方；单就听能说，只有声，如果兼有觉，听觉也许是钟声。觉非常之重要，是知识论底大问题。这问题我们当设法从详讨论，但是它和认识的确两样。[③]

所谓认识是“把以往的所得的综合的图案综合地引用到当前的呈现上去”。[④] 举例来说：

假如一个人睡在轿子里旅行，走了多少里之后，忽然眼睛睁开，他在最初几秒钟之内，他也只有官能作用，也许他只官觉到各种颜色，各种形式，……等等。假如他只有这些，我们说他不“认识”这地方。假如过了几

① 胡军：《道与真》，人民出版社 2002 年版，第 171 页。
② 金岳霖：《知识论》，商务印书馆 1996 年版，第 163 页。
③ 金岳霖：《知识论》，商务印书馆 1996 年版，第 238 页。
④ 金岳霖：《知识论》，商务印书馆 1996 年版，第 240 页。

分钟之后，他说："这不是十里铺吗！"我们说他认识这地方。所谓认识这地方实在是把以往所得的图案综合地引用到当前的所与上去。[①]

完全从官能着想，或者完全只从官觉着想，所与只有形形色色这这那那，没有这个与那个。这实在是说，如果一官觉者不同时是认识者，所与所呈现给他的，只有这与那，而没有这个与那个。这个与那个是所与呈现于认识者的。[②]

简而言之，官觉和认识的区别就像一个人听音乐，他听到声音这就是官觉的发生，而他认出这是柴可夫斯基的音乐，这就涉及认识，可见官觉和认识不同。而错觉和错认也不同。

首先，错觉并不是视错，[③]譬如一根棍子在水里弯水外直，这就是视错，视错是正觉，是客观的呈现。其次，错觉也不是"推错"，譬如"一手冷一手热的水"。关于推错，再举个简单的例子，一个人脚麻了，走起路来一高一低，如此就认为两条腿一长一短，这就是推错，从一高一低推不出一长一短，原因是脚麻了。同样，从一冷一热也推不出既冷又热，原因是两手的温度不同从而感到既冷又热，水没有冷热只有温度。而所谓错觉是"有时我们把一个东西看出两个，就外物说，只有一个体，就呈现说，有两个呈现，这两个呈现不能都是所与。假如重视是眼睛底影响，那当然是另外的问题"。[④]

对于错认，金岳霖说：

我们错认了人是很平常的事。认识既然有两层综合，当然可以有两方面的错误。一是意象本来就不足以代表某人，二是意象根本不能引用到当前的呈现上去。前者是意象对于原来的所与不符合或不恰当，后者

① 金岳霖：《知识论》，商务印书馆1996年版，第238页。

② 金岳霖：《知识论》，商务印书馆1996年版，第269页。

③ 郁振华在《后期金岳霖认识论思想研究》一文中指出，在《罗素哲学》中关于错觉的论述比起《知识论》中的是个倒退。在罗素哲学中，金岳霖把视错也当成错觉。

④ 如果眼睛出现"重视"，是符合自然律的，符合自然律的重视属于正觉，是客观的。

是意象对于当前的所与不符合或不恰当。除此之外尚有别的错误。此即原来的某人变了，而当前的所与虽然意象相符而不是某人。[①]

这里意象不是意念，是“亲自得到印象而由印象得到意象”，是类似具体的、特殊的，不是像意念的“红”一样是抽象的。错认也即“认错”，涉及意象与意念的问题，譬如我看到前面走着一个人留着个板寸头，很像我以前认识的一个朋友，我过去打招呼，一看不是，这就是认错了。这种认错是由于我对以前那个朋友的意象为基础的，从发型上来说他给我的意象就是留着个板寸头，当看到的这个板寸头跟以前那个朋友的很像就发生了认错。但我们知道一个人的发型并不足以代表某人，因为意象是一综合的图案，对一个人的意象不仅包括他的发型，或许还有他走路的节奏、姿势以及经常的穿着打扮等，也可以说是意象的综合要素越多，这种“认对”的概率越大。第二种情况是“意象对当前的所与不符合或不恰当”，譬如我们碰到一个多年不见的老朋友，我们一下子没认出来，因为他以前秃顶，眼睛是单眼皮，皮肤较黑，说出来的是一口标准的河南话，这是他留给我的一个意象。但是今天，面前这个人满头茂密的头发，还烫了发，眼睛也是双眼皮，皮肤也是白的，说出来是一口标准的普通话，我当时没认出来，把他当作一个陌生人，这也是认错。这个认错是因为原来的意象已经跟当前的所与不符合了，所有的熟悉的意象都已经发生了变化，根本不能引用到当前的呈现上了。这种情况常见，或许一时没认出，那人会说“你再仔细看看”，我们会又仔细看看，发现原来除了双眼皮和肤色变了些，其他五官还是以前那个样子(意象)，声音虽然腔调变了，但是还是以前那个“味道”，我当然会立刻把他认出来。[②]

---

① 金岳霖：《知识论》，商务印书馆 1996 年版，第 241—242 页。

② “认识是顿现的，不是推论的，甲认识 x，他一下子就认识，他不是根据种种理由，而得到一结论，说 x 是某某，然后才认识它。这一点非常之重要。这表示认识者有认识能力，这能力是本能地可以引用的，它不是学而后成习而始用的。如果我们把认识视为种种理由之下的结论，则官觉者也许不会认识任何个体，因为这种种理由不能给我们以至当不移的结论，当然也不能使官觉者认识。也许我们可以这样地说，在认识之后我们可以找出理由，表示一官觉者何以认识 x，可以这些理由没有决定该官觉者认识 x，这些理由虽有，而该官觉者不必因此就认识 x。”(金岳霖：《知识论》，商务印书馆 1996 年版，第 269 页。)

可见错觉和错认的确差别很大，而官觉和认识根本就不是一件事。当然胡军的想法也有道理，虽然他把日常生活中的错认或者不同范式系统解释的差异性当成了错觉，但实际上他想要表达的观点是：无论错觉、梦觉、幻觉、野觉还是正觉，都是感觉，这些觉又都是官觉或和官觉并立的，没理由从正觉开始，甚至我们不知道哪一种感觉是正觉。因为在他看来一方面"正觉首先是官觉，而官觉又是觉这一事实，就说明了'正觉'不是基本的"；其次，我们"不知道"哪一种感觉是正觉。这两个方面的质疑都有道理，第一方面我们在上面已谈过，但不认同；第二方面，涉及分辨问题，即正觉如何与其他官觉或者与官觉并立的那些觉分开，也即如何知道正觉是正觉。

这种质疑不是一个新问题，而是一个老问题，以前很多哲学家都提出来过，最新的一个表述是"缸中之脑"：

> 一个人（可以假设是自己）被邪恶科学家施行了手术，他的脑被从身体上切了下来，放进一个盛有维持脑存活营养液的缸中。脑的神经末梢连接在计算机上，这台计算机按照程序向脑传送信息，以使他保持一切完全正常的幻觉。对于他来说，似乎人、物体、天空还都存在，自身的运动、身体感觉都可以输入。这个脑还可以被输入或截取记忆（截取掉大脑手术的记忆，然后输入他可能经历的各种环境、日常生活）。他甚至可以被输入代码，"感觉"到他自己正在这里阅读一段有趣而荒唐的文字：一个人被邪恶科学家施行了手术，他的脑被从身体上切了下来，放进一个盛有维持脑存活营养液的缸中。脑的神经末梢被连接在一台计算机上，这台计算机按照程序向脑输送信息，以使他保持一切完全正常的幻觉……①

从"缸中之脑"可见此类问题的本质在于如何解决"幻觉的一致"，与之类似有笛卡尔的"邪恶精灵说"，庄子的"庄周梦蝶"等，都涉及如何分辨"一

---

① ［美］希拉里·普特南：《理性，真理与历史》，上海译文出版社 2005 年版。

致”的问题，它想向我们表明的是“我们有可能被系统性地欺骗了”，而同时我们本身对于系统是无力自明的。

金岳霖对“一致”的难题是有所认识的：

> 真正只承认单是呈现的呈现，我们不能以醒为标准，不以醒为标准则醒梦无法分别。梦觉如此，其他如幻觉（长期的幻觉）也是如此。单就只是呈现的呈现说，它们没有内在的标准作为我们区别彼此的工具。假如我们利用彼此底一致性以为标准，我们会发现梦觉底呈现可以非常之一致，而醒时底呈现我们并不要求它们一致，它们可以不一致；它们不一致的时候，我们会以希奇古怪这一类的字眼去形容我们底经验。一致不是分别呈现底标准。本书认为单是呈现的呈现没有任何内在的分别彼此的标准。结果是我们也无从分别梦觉幻觉或官觉。单就只是呈现的呈现说，我们无法把它们分成梦觉呈现或幻觉呈现或醒时的呈现，它们完全平等。在这样的呈现中绕圈子是绕不出来的。[①]

他认为单独的呈现或只能是呈现的呈现，或不能同时兼是外物的呈现，是有害的抽象；经验上没有这样的东西，经验上虽有不同时兼是外物的呈现，然而的确没有不能同时兼是外物的呈现。

金岳霖一方面承认如果处于这种“缸中之脑”或“单是呈现的呈现”之中，一致性根本不是我们分辨的标准。譬如梦和醒不一致，但我们却无从分清梦与醒哪个是哪个。另一方面，金岳霖指“单独的呈现”或“不能同时兼是外物的呈现”是一种有害的抽象，在他看来这种“单独的呈现”是经验所没有的，“经验上虽有不同时兼是外物的呈现，然而的确没有不能同时兼是外物的呈现”，这句话的内涵可以从以下几方面来思考：首先譬如错觉，把一个东西看成两个东西，这“一个东西”是外物，看成的“两个东西”是呈现，两个呈现中有一个呈现 A 与外物同一，另一个呈现 B 是错觉造成的，而我们的

---

① 金岳霖：《知识论》，商务印书馆 1996 年版，第 170—171 页。

错觉虽然可能造成呈现B,呈现B也的确不同时兼是外物,但呈现B不可能单独呈现,这也就是所谓“单是呈现的呈现”不可能出现,呈现B必然是伴随着呈现A出现,错觉的过程中必然有外物的参与。

而梦觉、幻觉、野觉也如此,但比错觉有更复杂的情况。以梦觉为例,梦里在吃一根香肠,而实际上是在咬枕头,香肠无疑是一种梦觉呈现,有外物(枕头)参与。但另有许多情况没外物参与,譬如,我们白天看到电视里宇航员登上月球,晚上我们就梦到自己登上月球了,这就没有外物参与而是大脑对于事件的“记忆再加工”。再譬如“庄周梦蝶”也的确没有外物的成分。所以,金岳霖认为“没有不能同时兼是外物的呈现”,这是他从经验出发思考“单独的呈现”的不可能的主要理由。但质疑者所提出的反例正是那些“单独的呈现”中的情况,像“缸中之脑”和“庄周梦蝶”之类的。

金岳霖与质疑者都承认的是如果这些假设的例证存在,那么我们的确无法依靠不一致来分辨梦与醒,幻觉与现实：不同点在于金岳霖从经验出发直接否定这种例证的存在。

尽管金岳霖认为“单独的呈现”是一种有害的抽象,但问题能否如金岳霖所说的就解决了？至少我们可以先看看其他哲学家关于这个问题的解读。还是以缸中之脑为例。丹西认为像“缸中之脑”这种全面的怀疑主义论证依赖于闭合论证：

> 尽管你不知道你不是瓮中之脑,你仍然知道其他许多也许是重要的东西？假如不幸你不知道这一点,看来也就不存在许多其他你能知道的东西了。假设你断言知道你正在坐着读书,你大概也知道,如果你正在坐着读书,你就不是瓮中之脑。无疑我们能做出这样的结论,如果你知道你正在坐着读书,你就知道你不是瓮中之脑。因此,根据简单的否定式你也就知道,既然你不知道你不是瓮中之脑(与上述一致),你就不知道你正在坐着读书。这个论证所依据的原理,可以用公式表示为一种处于已知制约条件下的闭合原理(prineiple of closute)PC^k：“[Kap&Ka(p—q)]这个原理断定,如果a知道p且p蕴含q,则a也知

道 q；某一命题，如果我们知道它是我们已知的一个命题的结论，我们就总能知道它是真的。……于是假定 a 不知道 q(－Kaq)，并且 a 确实知道 p 蕴含 q[Ka(p－q)]，这个原理就允许我们推断 a 不知道 p(－Kap)。因此，这似乎表明：更一般地说，既然你不知道你不是瓮中之脑，你就不可能知道任何命题 p；就这个命题 p 而言，你知道如果 p 真，你就不是瓮中之脑。"①

在丹西看来，全面的怀疑主义论证的荒唐可笑之处就在于："首先是我们确实清楚地理解某些东西，其次尤为重要的是因为我们理解(并且它期望我们理解)这个怀疑论论证本身。"

这样的说法有道理，因为从常识出发我们清楚地知道一些真实存在的事情，譬如吃饭、看书、睡觉等，而面对这个论证时，我们也明白(理解)论证的目标，这就大大削弱了论证的说服力，因为论证是在一种特殊的而非常识的境遇中让我们来理解的。

丹西的说法有语境主义的意味。语境主义者认为："一种知识主张的真值条件必然部分地依赖于作出或确定这种主张的语境。"②以德娄斯为例：

德娄斯的语境主义的基本原则是敏感性原则。敏感性原则有两个要点：一是，如果信念 p 被当作是知识，那么它必定是敏感的，"当人们断言某个主体 S 知道(或不知道)某个命题 p 的时候，知识的标准(……)趋向于被提高，如果需要，则会提高到这样一个水平，以致要求 S 关于特定 P 的信念如果被当作知识，它必定是敏感的(sensitive)。"二是，如果信念 P 是不敏感的(insensitive)，它就不能被当做知识，"我们往往断定，当我们认为 S 的信念 P 是不敏感的时候(当我们认为即使 P

---

① 丹西：《当代认识论导论》，中国人民大学出版社 1990 年版，第 11—12 页。

② Nance Daukas. "Skepticism, Contextualism, and the Epistemic 'Odinary'". *The philosophical Forum*, 2002. 转引自曹剑波、张立英：《我知道"我不是缸中之脑"吗》，《自然辩证法研究》第 24 卷第 3 期。

是错的，S 也将相信 P)，S 不知道 P。""我们通常不是无例外地认为，如果我们的信念 P 是错的，我们仍认为它是我们应该坚持的，对这种信念，我们会认为我们不知道。""只有 S 的信念 P 是不敏感的，那么我们就能正确的断言 S 不知道 p，说 S 确实知道 P 只能是错误的。"[①]

德娄斯认为，知识的归因具有语境敏感性，他说："知识归因句和知识否定句(即'S 知道 P'和'S 不知道 P'以及与这些句子相关的变化形式)的真值条件，在某种形式下，随着谈话语境的变化而变化。知识的标准是不断变化的，对一个真的陈述来说，S 必须满足(meet)它们(或者在否认知识的情况下，不能满足它们)。在某些语境下，'S 知道 P'要求 S 有 P 的真信念，并要求 S 处于一种与 P 相关的非常强的认知立场中，然而，在其他语境下，'S 知道 P'可能要求它是真的，除此之外，S 对 P 的真信念只要 S 满足某些较低的知识的标准。""因此，语境主义者将允许一个说话者正确地说'S 知道 P'，与此同时，也允许较高标准下的不同语境中另一个说话者正确地说'S 不知道 P'，尽管两个说话者所谈论的是某个时间中的同一个 S 和同一个 P。"[②]

如果从德娄斯的语境主义观点出发，我们可以看到知识命题的确证与语境的敏感性有重要关联，而且即使对于同时谈论的同一个命题，谈话双方如果一个是从常识出发的普通人，一个是持有怀疑论的哲学家，双方对于某些命题的敏感性不一样，从而对于知识的标准也不一样。回到这个问题，对一个普通人来说，当他刚看到"缸中之脑"这个命题时，他显然觉得是荒谬的，从经验出发，他显然认为他知道"我正在坐着看书"，而且他认为他知道并肯定这个命题是真实的。所谓"我是缸中之脑"只是这书里面提出来的一个假想，从而知道"我不是缸中之脑"，因为此时的他依然站在一个较低的知识标准中。但是如果他继续读下去，慢慢他会进入怀疑论哲学家的语境中，

---

① 曹剑波、张立英：《我知道"我不是缸中之脑"吗》，《自然辩证法研究》第 24 卷第 3 期。
② 曹剑波、张立英：《我知道"我不是缸中之脑"吗》，《自然辩证法研究》第 24 卷第 3 期。

他会思考“我正在看书的行为难道没有可能只是一种幻觉吗?”他就会想“假如我是缸中之脑,我也可以相信我不是缸中之脑”,也即“即便我处于这种幻觉中,我一样可以认为我在看书的行为是真实的”,那么此时他就会怀疑“我正在看书的真实性”,在这个意义上说,知识的标准已经提高了,不再是从经验出发就判定“我正在坐在看书”为真的较低知识标准了。语境主义的解决方法也非完全具有新意,早在贝克莱的《人类知识原理》、维特根斯坦的《论确实性》中都对一般人的语境和哲学家的语境有明确区分。这种对怀疑主义的处理方法和金岳霖的处理方法异曲同工,前者把“缸中之脑”划入哲学语境中,后者从朴素实在论出发,从正觉出发,干脆否认“缸中之脑”。

四、校对

在校对问题上,也有人认为如果正觉能够校对非正觉,就必须要承认有真知识的预设,而如果校对前有真知识,那么就与对真知识的追求产生了矛盾,譬如胡军说:

> 金岳霖自己承认,说“正觉”是基本的,并以之去校对其他的“官觉”,必须假设一感觉者已有了真的知识。但是很显然,这样的假设在讨论知识的理论中是不能成立的。①

然而在金岳霖看来,“所谓校对就是以正觉及正觉底秩序为标准以决定某某官能活动是否正觉”②,而校对成为可能要满足三个条件:1. 有正觉;2. 正觉的秩序;3. 对于正觉有经验或有知识。

所谓“有正觉”,上文议过,此不详论。所谓正觉的秩序也即外物的秩序,在这一点上,杨国荣也认为“所知的可知性,以所知内含的秩序性为其本体论前提”。③ 胡军质疑的应该是第三个条件,校对必须保证校对者“有真知

---

① 胡军:《道与真》,人民出版社,2002 年版,第 170 页。
② 金岳霖:《知识论》,商务印书馆 1996 年版,第 173 页。
③ 杨国荣:《本体论视域中的能知与所知》,《浙江社会科学》2003 年第 2 期。

识”，胡认为金没有权利在讨论知识的理论中假设感觉者已经有了真知识。

但实质上金岳霖所说的校对并非胡军所理解的“以真知识”为蓝本的校对：

> 这里所谓校对和印书时的校对不大一样，印书时的校对总有蓝本或原本或底稿，而所谓校对是印本与底稿符合与否。这里所谓校对不必有原本和底稿，所以根本无所谓符合与否。它比较地像圈点古书，就上下文而决定有无错误。本书以正觉为常而以非正觉的官能活动为例外，正觉之有某种秩序好像文章之有上下文，我们就正觉底秩序以决定某某官能活动是正觉或不是正觉。文章底校对要有教育才行，官能活动底校对要有经验；没有教育不懂文章底上下文，没有经验不习于正觉底秩序。……校对是知识相当发达，经验相对丰富之后的事体。……在实际生活中官能个体习惯于正觉，在一大堆底正觉中得到了正觉底秩序。①

金岳霖所谈的“校对”是根据于上下文而不是根据底稿或蓝本，即不假定一种“真的知识”，以“人知牛之所见”为例：

> 人可以去看牛之所看，虽不能见牛之所见，然而可以知牛之所见；人虽不能见牛所见的红，因为即从人类着想“红”这一概念有牛见而生气底意义。此所以无观的个体虽不能觉而可以知，正觉既狃于不同的官能，而知识是超官能的。②

人的知不必对，假如牛也有知的话，牛的知不必错。但无论牛的知对或错，我们不从牛出发，仍从人出发，仍以人的正觉为标准。因为既假定人能

---

① 金岳霖：《知识论》，商务印书馆 1996 年版，第 164 页。
② 金岳霖：《知识论》，商务印书馆 1996 年版，第 158—159 页。

知牛之所见，当然从人出发，认为人必有知，以人之所知知牛之所见，而且以某某为标准并非某某就一定恒久正确，而是假定它是暂时正确，所以虽然在讨论知识如何发生的过程中，依然能假定正觉是一套最简单的符合标准的知识，这与追求知识并不矛盾。就像证明几何命题一样，可以假设前提去推论，如果推论与前提矛盾，那么前提可能为错，但并不能因此说假设前提正确这种做法错了。

关于第三个条件，金岳霖在“校对本身以知识为工具”这一节中有详细论述：

> 校对这一工作是要有相当知识才能进行的。前面已经说校对像圈点一篇文章。圈点文章要懂得该文章底语言，要懂得该文章底上下文。校对要懂得正觉，懂得正觉底秩序。所谓懂得正觉和懂得正觉底秩序，就是有知识。没有知识我们无从校对。既然如此，在校对之前，我们已经有知识，这当然也就是说在发现梦觉幻觉错觉野觉之前，我们已经有知识。这知识大概不是高深的知识，但是它虽不是或不必是高深的知识，然而它仍是知识。校对不但以知识为条件，而且以知识为工具，它不只是要有知识而已，而且要校对 x 官能活动，它还要相干于 x 的知识。……显而易见，未从事于校对时的知识或未发现梦觉幻觉错觉野觉时的知识也有所本；这样的知识底本当然不是校对，也不是其他的觉。不但如此，这样的知识和有校对之后的知识没有甚么不同的地方。知识底材料不是从校对来的，也不是从其它的觉来的。①

可见校对的确依赖知识，不仅以知识为条件，而且以知识为工具。所谓“以知识为条件”就是“懂得正觉，懂得正觉底秩序”，也就是“有知识”，但是这样的知识不是“高深的知识”；所谓“以知识为工具”不仅以正觉为工具，而且“对于校对的对象 x 有相干的知识”。可见，校对前已具备足够的知识，知

① 金岳霖：《知识论》，商务印书馆 1996 年版，第 184—185 页。

识并非都来源于校对。所以这里可回应胡军的质疑，校对虽然也产生知识，但并不是知识的全部来源，甚至不能说是知识的主要来源。也即校对之前可以有知识，而这个知识金岳霖也承认它不是“高深的知识”，不是“以经验之所得还治经验”，也不是“命题知识”，这种知识是直接的经验、直接的知识，也即日常知识，也即“懂正觉”“懂正觉秩序”。或许胡军所纠结的核心在于究竟有没有直接的知识或非命题的日常知识。这其实还是“有正觉”的问题，在谈到“证实”时我们认为金岳霖已证明了正觉之有，所以有正觉，人有正觉，当然会在正觉中发现正觉的秩序，发现正觉的秩序不必是直接的经验，可以是间接的经验。但就正觉的秩序即外物的秩序、所与的秩序而言，它是先于经验存在的，这种知识也不过是一种发现，一种经验总结，但还谈不上是“高深的知识”。

这种规律性的发现不是一种建立在概念、命题基础上以推论形式得到的知识，而是人们日常生活中长期的生活习惯中慢慢地发现的，类似于日常所说的“时间长了，我们就觉得……”，是生活中人们的简单归纳能力发挥作用。譬如常看到太阳从东边升起，西边落下，就认为、就说太阳“东升西落”，这是一种基于习惯的直接认识，当然这不同于“我们常常看到某 A 戴着一副黑色的墨镜，于是我们认为某 A 大概眼睛有毛病不能见光，我们问某 A，果然他的眼睛有问题”，这是根据简单的经验进行推断，不同于正觉秩序的发现，也即“懂正觉秩序”。金岳霖所谓懂正觉秩序如同懂正觉一样，是日常生活中人们在习惯中对正觉和秩序的直接把握。因为，在知识论中，归纳与官能不同：

> 归纳不是官能……归纳是化自然的呈现或所与为事体、东西或事实的。呈现或所与对于归纳是原料，事实对于归纳是出品。官能化 O^m_n 为 $\overset{m}{\underset{n}{O}}S^m_m$ 而归纳化 $\overset{m}{\underset{n}{O}}S^m_m$ 为 n。假如 $\overset{m}{\underset{n}{O}}S^m_m$ 是一有某形色的东西，我们以“树”去接受而无误，那么我们说，我们看见一棵树或一个“n”，而 O^m_n 就代表本然的树类中的 m 树。官能与归纳都是经验中的事。经验总这

两方面底成，此所以我们前此说经验一方面化 O^{m}_{n} 为自然的呈现或所与 $\overset{m}{\underset{n}{O}}S^{m}_{m}$，另一方面化呈现或所与为事实。前一方面是官能作用底结果，后一方面是归纳作用底结果。[①]

另外，关于一致幻觉的问题，金岳霖显然已经预计到这种难题，但他提供的应对方法似乎不能回应这个问题本身所要求的，因为金岳霖认为对于“一致的幻觉”“一致的梦觉”，正觉对它们的校对要等到“事过境迁之后”，才能发现前此的觉是“幻觉”和“梦觉”：

此所以我们说幻觉是不能随时校对的。不能随时校对底理由也许很多，但是，至少有以下两理由。(一)幻觉者自以为它底官能活动是正觉，它虽在幻觉中，然而它并不以为它在幻觉中。(二)幻觉很可以一致。假如我们以一致为标准，官能者不必能够表示它底某些官能活动是幻觉。上面已经表示官能者虽在幻觉中，它仍可以有正觉，但是只要某特种状态维持下去，它不能利用这些正觉以为校对底工具。它要校对非等事过境迁不行。所谓事过境迁就是恢复正觉底立场。正觉底立场恢复之后，官能者当然能以正觉为标准去校对前此的幻觉。我们当然可以说，官能者在幻觉中它虽有正觉，然而它底立场不是正觉底立场。本书所谓校对是以正觉为立场的。能随时校对就是能随时恢复正觉立场。幻觉底特点是官能者不在正觉底立场上而自以为在正觉底立场上。[②]

梦觉，在金岳霖看来比幻觉更自成一系统：

(一) 在梦中梦者虽自以为有官能活动，而实在没有官能活动。

① 金岳霖：《知识论》，商务印书馆 1996 年版，第 516 页。
② 金岳霖：《知识论》，商务印书馆 1996 年版，第 181 页。

(二)在梦中梦者所梦的活动可以是一套一致的活动。假如梦者要从梦中的呈现从事于校对,它不能以一致为标准,以一致为标准,它不必能够表示它在作梦。(三)梦者对于所梦虽可以同时感觉到它们离奇古怪,然而这并不减少它对于所梦所有的实在感。假如梦者想要校对,它不能以实在感为标准,以实在感为标准去校对呈现,它大概不能够表示它在作梦。(四)梦者不一定不怀疑,它也许怀疑它只是在作梦而已。假如它怀疑,它也只是在梦中作怀疑底梦;它不但可以怀疑而且可以利用方法或工具去证实或否证它底怀疑,可是这也不过表示它在作证实或否证底梦而已。[①]

金岳霖逐个否认了一致性、实在感、证实等手段对于梦觉的校对,从而认为要校对梦觉依然要在事过境迁之后,但是问题的关键在于当一个人无法分清幻觉、梦觉和正觉时,他怎么知道已经"事过境迁",已经从幻觉、梦觉转换成了正觉呢?"缸中之脑"就是假设始终处于幻觉中的状态,永远没有"事过境迁",这里正觉作为标准来校对幻觉确实无能为力。也即在这种情况下,就无法坚持以正觉作为标准的校对工具,因为无效。

所以,以正觉为校对手段的确对错觉、野觉有效,但对梦觉、幻觉却捉襟见肘。站在朴素实在论的立场上,的确可以凭借正觉来判断是否在做梦,但首先要承认梦有醒,但假如梦一直无所谓醒,的确无法依靠正觉来校对梦觉与幻觉。

五、范式

库恩的范式学说告诉我们,科学史上很多革命性的跃进不仅是个别概念的变化,更是一整套范式的变化,哲学史的发展也是如此。本节主要关注在不同范式系统中如何评价正觉的问题。胡军也注意到了这个问题,他说:

---

① 金岳霖:《知识论》,商务印书馆 1996 年版,第 182 页。

> 在纯粹的感觉经验中，有些感觉很难说它究竟是正觉还是错觉。比如，我们生活在地球上，仅凭感觉不会感觉到地球的转动，而感性直观又告诉我们，太阳每天早晨从东方升起，在西边落下。又是人们自然而然地会以为是太阳围绕着地球在作有规则的转动。亚里士多德——托勒密的“地球中心说”就是根据这样的看法产生的。按照金岳霖的理论，人们对太阳围绕地球转动的感性直观应该是正觉。但是，哥白尼的天文学却说，这样的看法是大错而特错的。实际的情形却是地球在围绕着太阳运行。这就说明了在长达几千年的历史时期，人们一直在把一种错觉当成了正觉。然而，即使在现代，在哥白尼的天文学知识家喻户晓的今天，我们所正觉到的似乎也只能是太阳在围绕地球运行。只有理性才告诉我们，是地球在围绕着太阳转动。并且当我们仅仅站在感觉经验的立场上，我们根本就无权说某一种感觉是正觉，而不是错觉或别的什么觉。[①]

从金岳霖朴素实在论的立场出发，“太阳东升西落”没有问题，这是常识，也是正觉。因为在知识论中，外物是官觉外物，不是科学外物，官觉是站在朴素实在论的立场上的官觉，朴素实在论的立场给予人的方位感有东南西北、升起落下，所以认为太阳东升西落没有错，是正觉。胡军引用哥白尼的日心说来反对地心说，的确涉及范式转换，转换后的范式从整体上更大范围、更好地解释宇宙，从科学研究发展的规律看，更优的范式体系也被视为进步。但建立在以前范式基础上的解释却并不能被简单地斥为错误甚至错觉，就像人们虽然都认同地球绕着太阳转，但日常生活中依然会说“太阳出来了”“太阳下山了”，这里面有语境，也有道理，譬如爱因斯坦的相对论与牛顿力学，以前的整体性的有效性解释转换成了某些条件限定下的有效性。

金岳霖在知识论中谈正觉是站在朴素实在论的立场上，很多是符合常识的官能活动（先撇开类型化），但基于官能活动的常识也会出现对现象的

---

① 胡军：《道与真》，人民出版社 2002 年，第 171 页。

解释冲突，譬如《列子·汤问》中有一则故事“两小儿辩日”：

> 孔子东游，见两小儿辩日，问其故。一儿曰：我以日始出时去人近，而日中时远也。一儿以日初出远，而日中时近也。一儿曰：日初出，大如车盖，及日中，则如盘盂，此不为远者小，而近者大乎？一儿曰：日初出，沧沧凉凉，及其日中，如探汤，此不为近者热，而远者凉乎？孔子不能决也。两小儿笑曰：孰为汝多知乎？

两小儿从不同标准来判断远近不同，这是从常识出发，常识中也有不同的范式体系。“两小儿辩日”涉及视觉判断及对温度的感觉判断，从这个事例可见从常识解释问题会出现冲突，也即常识中用来解释现象的各种范式可并立存在，而非追求全都融贯一体，但科学理论恰恰与此相反，总是注重解释的系统性和整体性。比如，从科学角度来看，太阳一天中离地球的远近根据于地球的公转、自转来综合判断，一月到七月，对地面的观察者而言，早上太阳比中午近，中午太阳比晚上近；七月到次年一月，对地面的观察者而言，早上太阳比中午远，中午太阳比晚上远。

这里的常识不等于正觉，而是以正觉去推断，正觉本身无对错，就像“水既热又冷”，是“推错”而不是“错觉”，也不是“认错”。

正觉是正常的官能活动，正常的官能活动有相应官觉经验[①]（非知识经验）的范围，譬如人眼的官觉经验与蜻蜓复眼的官觉经验就不同，正觉相应于官能类，讨论人的正觉，要在人的正觉范围内。在人的正觉范围内，对于官觉现象的知识所使用的范式与在人的正觉范围外或从科学角度描述一个现象所使用的范式不同。从对“两小儿辩日”现象的科学分析中，可知科学范式体系是概念的创造或者基于日常概念的抽象延伸，如果不学习科学术语、概念，无法理解自转和公转，而这些概念都牵涉到整套知识系统的学习。另外，从认同感上来说，科学的解释更容易让人信服，让人相信事实就是如

---

① 经验中的官能成分，而非归纳。

此,从而放弃根据日常官觉做出的判断。科学的进步也是如此,在不断改变人解释世界的范式同时,也不断融入日常知识中,丰富着人的常识。但人也并未因科学解释而放弃官觉常识,虽然不再把官觉外物当作外物的本质内涵,不再把官觉事实当作事实的本质,但在日常生活中依然会运用正觉来安排其对于世界的理解,比如依然会说太阳"东升西落",而并不认为这是错误或者错觉。

因而,即使科学发达到可以完全否认人的全部正觉,即使认为人的正觉从科学上看全是错的,正觉对于人的日常生活世界依然发挥作用、具有意义。因此,对世界的科学解释不可能完全取代对现象的日常理解和安排。

第二部分
思想与外物(还治所与)

第五章　意念

第一节　思想

一、心的分析

谈到知识问题就涉及抽象，抽象的表现形式以及演变过程自然是关注的重点，然而就如同在感觉论中首先要追问“从何处论起”一样，抽象从何处论起自然也是顺理成章需要首先考虑的问题。

哲学家在这个问题上每每喜欢谈“心”，在起初大概认为思想或者理性源自“心”这个器官，然而随着生理科学的发展，人们逐渐认识到了大脑才是产生思想的真正器官，但这也并不能阻止哲学家继续谈“心”。在这个意义上，哲学家“谈心”实际上是在一个抽象的层面上来谈的，是在意识、意志、思想、理性等这些层面上来谈的。

但是“心”作为一个概念或者词汇，不仅哲学家有权利谈，日常普通人也有权利谈，这也就造就了“心”作为一个哲学概念的复杂性，从而容易陷入歧义。因此，无论任何哲学家“谈心”之前都必然要对其所谈的心做一个界定。从研究的角度来看，哲学用法和日常用法必须严格区分，譬如一般人不能用“我踢到一块石头，从而石头存在”来反驳贝克莱的“存在即感知”的观点，贝克莱也绝不是“一架发疯的钢琴”，每天和外物打交道却否认外物的存在。

抛开抽象地谈，哲学对心的探究也不可避免地要在事实层面上说话，譬如关于思想或者理性的发生学问题就要回溯到大脑。尤其是在身心问题上，笛卡尔提出松果体以协调身心，这和现代新实在论引用神经生理学的知识于认知研究上的进路是完全一致的,这种类似的实证研究就不是抽象地"谈心",今天来看这属于科学的进路。而且就当代认识论的研究而言,无论是以心灵哲学还是心智哲学为名,也都必然越来越集中依托到大脑的物理研究上来,而纯粹分析哲学的态度越来越说不上话了,因为无论概念分析还是语言分析都已经像无法结果的鲜花一样,对于推进认识的实质性进展显得毫无用处。这种认识论研究侧重点的变化实质上也反映了在经历德国古典主义哲学、以语言学转向为核心的分析哲学之后,哲学逐渐显露出与科学由分手到再次牵手的趋势。在这个意义上,也是上文在讨论金岳霖的所与理论和新实在论的所与理论时所谈到的,二者虽然在最后的结论上显示出了一致性,但在由是而之焉的理论进路上却是根本异途的,一个是纯粹分析哲学的进路,一个是科学实证的进路。并且,在这一方面说殊途同归也有点不合适,因为进路的不同往往造成结论有着根本不同的意义,正如一个八十岁的老人和一个三岁的孩子说出同一句话时,里面的理论深度和取向是完全不同的。

当然除了这两类谈论"心"的方式之外,在哲学的范围内,形而上地谈也是一大领域,譬如"心外无物""明心见性""上帝的心""宇宙的心"等,当然这里面有哲学的形而上,也有宗教的形而上。

如果撇开认识论以及形而上的谈心,还有孝心、良心、恻隐之心等这些是在伦理学上抽象地谈。在儒家哲学中常见形而上的谈和伦理学上的谈相结合,譬如王阳明的"致良知说",既是形而上的智慧上扬,同时也是伦理道德的深化。当然与心学为代表的儒家哲学不同,中国佛教哲学中的"明心见性"则指向认识论和形而上的智慧的合一。

金岳霖对于心的分析大致涵盖以上各类,在这各类之中他指出"心为思想之官"的说法尤其需要注意,这在于知识论可以不谈心,但不能不谈思想,而"心为思想之官"这个说法就是要回溯到"心"(大脑)。金岳霖认为这说法是一比喻的说法,相对于耳目视听都有各自的官,如果以心为思想之官则容易形象地把握思想,而许多在日常语言层面关于思想的抽象说法也可以联系起来了,譬如用心、留心、当心等。但他同时指出这种比喻的说法有其短处，譬如容易引起误会，认为心如同耳目口鼻手一样是可以被单独指出来的，但实际上从现代科学的研究来看，大脑不仅产生思想，也同时要处理五官的感知，而不是一个与五官并立的官能部门。另一方面的困难在于，用科学术语可以解释眼睛构造及工作原理，却无法完全清晰地解释思想的产生与变化，思想既不能像耳膜在耳朵占据空间那样在大脑中占据空间，也不能如声音在听觉中具体呈现那样存在于大脑中，思想不仅不占空间，而且是无形的。除此之外，把心当作思想能力这种说法也容易造成歧义，因此谈思想能力可以不谈心。综合来看，金岳霖认为与其谈心面临许多这样的歧义以及不便利，倒不如直接地谈思想。

二、思议

思想包含想像和思议，想像的内容是意像，思议的对象是意念。知识问题主要是抽象的方面，抽象的意念依赖于思议，想像只能得到类似具体的意像，得不到抽象。譬如金岳霖对休谟的批判——休谟只承认意像而不承认意念，所以思议对于抽象的获得非常重要，但同时思议也离不开想像。

说思议离不开想像，就是说思议要有所寄托，纯粹的思议不仅得不到真正的抽象，连正常有条理的思考都无法展开。金岳霖列举了一些在想像中没有意像存在而只在思议中以意念形式存在的概念，譬如：零、无量、四方、红……，这些概念虽然没有对应的意像，但依然有“寄托”。如“红”的意念寄托在所想的红上，所想的红可以是红色的涂料，也可以是红花等；“零”的意念则可以寄托到符号“0”上面，而这个零的符号“0”是可以想像的；“无量”的意念我们则可以寄托到“1，2，3……”这样的符号上，或者还可以寄托到“横无际涯的绵绵山水”上。这样的符号和画面我们是可以想像的，可以想像才能建立起共通感，这对于思议非常重要。没有共通感的思议，就像金岳霖嘲讽的那样，如果一个人既没有画面感也不利用语言文字或符号还能够条理井然，那他是超人，但超人不在知识论的知识者范围内。

思议离不开想像，但却不来自想像。在基本原料上，思议和想像一样，都是以所与为基本原料，不同的是想像的内容是记忆所保留的所与，而思议的内容是抽象加工过的所与。记忆所保留的所与是意像，抽象加工过的所与是意念。意像和意念不同，意像是类似具体的、个体的、特殊的，而不是具体的、个体的、特殊的，譬如金山；意念不同于意像，它不是抽出来的像，它虽然要寄托于意像，但它是普遍的。对于抽象的如何抽法，金岳霖这里没有详谈，但至少它的一个重要手段依赖于后面将要谈到的归纳原则。

思议的内容不仅是意念，还包括概念、意思、命题。意念相当于英文中的 idea，概念相当于英文中的 concept。意念既可以用字来表示，譬如红、黄等，也可以不用字来表示，可以用符号或者画面来表示，譬如零可以用“0”表示；无量可以用“横无际涯的绵绵远山的意像”来表示，这是从寄托来说。而概念则只能用字来表示。所以从心理状态看，意念较为模糊，而概念较为清晰。从思议的内在结构看，意念可以有矛盾而不必有矛盾，而概念不可能有矛盾。此外，意思和命题不是用字来表示，而是用句子来表示。意思是意念之间的关联，命题是概念之间的关联。从寄托的方式看，意念不必是概念，但概念总是意念，从而可知意思不必是命题，而命题总是意思。意思可以有矛盾而不是必须有矛盾，命题总是没有矛盾的。

知识总是抽象的，在某种意义上抽象也就是公共的。想像的内容是意像，每个人的意像都是他私有的意像，别人都不可能知道那种意像的具体如何。而思议则不同，思议的对象是意念、概念、意思和命题，这都是可以交换传达的。能够成为公共的，这也是知识成为知识的特征。

思议的对象是共相或共相的关联。当思议的内容是意念或者概念时，对象是共相，当内容是意思或者命题时，对象是共相的关联，共相的关联又可以称为理。但共相和共相的关联之间也不是有严格的区分的，就像一个概念固然可以和它同层面的概念共同关联成命题，但它也可以分析展开为低层面的概念组合成的命题，比如动物和植物共同构成生物，但在动物下面又可以分门别类地分出来许多种动物来。共相和共相的关联也是如此的关系，一共相既可以和其他共相共同构成共相的关联，它也可以被分析为其他一些共相的关联，所以在这个意义上，共相和共相的关联都可以称为理。知识的方向，总是从内容逼向对象，不仅要觉像，而且要明理。在思议活动中，所思的内容离对象越近，就越容易把握共相或共相的关联，也就越明白理。

无论是共相、共相的关联或理，在金岳霖看来都是实在的，思议之前就有共相或共相的关联，在明之前就有此理，这种看法在第一部分第一章中谈金岳霖的实在观时已讨论过，这是一种本体论的实在观。因此，从理的实在来看，金岳霖的理论安排是以本体论为知识论的基础，思议总是面对或者指向着共相或共相的关联而展开的。

第二节　意念（或概念）的双重作用

一、摹状与规律

在金岳霖看来，无论是呈现还是意像都没有摹状与规律的成分，只有意念或者概念有摹状与规律，这也就是说只有在思议活动中，在抽象活动中才有摹状与规律，这就是意念（或概念）的双重作用学说，这被看作是金岳霖知识论的一个重要的理论创新之处。这个学说把摹状和规律看作是抽象的两个不可缺少的成分，缺少任何一个都无法抽象。这一方面可以看作是对抽象的成分和结构的解释，另一方面也可以看作对于抽象的来源的解释，说抽象包含这两种成分，也可以说这两种成分造成抽象。先说摹状，所谓摹状，“是把所与之所呈现，符号化地安排于意念图案中，使此所呈现的得以保存或传达。”[①]这里所与之所呈现是就感觉的内容说，感觉内容是特殊的、私的，你不知道我的感觉内容，我也不知道你的感觉内容，摹状也就是把个体所得到的私的感觉内容以公的形式表达出来，这里公的形式就是意念的方式，意念是大家所共同承认的。譬如红，一说红大家都可以联想到苹果的红、辣椒的红、红盖头的红等，在这个意义上，说感觉到红，就是讲感觉内容是红色的，这是一种“指代”的讲法，以意念（或概念）的红指代那个私的感觉内容，从而使我的感觉内容为我之外的人所理解。这也就是金岳霖所说的，人虽

① 金岳霖：《知识论》，商务印书馆1996年版，第356页。

然不能见牛之所见,但可以知牛之所见。而这种指代,其实就是一种符号化的安排,安排在颜色的符号系统中、意念图案中。

以颜色来摹状感觉内容的便利在于它可以超时空地谈,譬如在B的颜色介于A和C之间,如果没有见过A和C的人,大概很难理解B的颜色是怎么样一个状态。这在没有摹状的手段之前当然困难,就如同在货币没有诞生前以物易物,物体的价值很模糊,难以精确而难以传达给别人:甲拿了一块皮子换了一匹良马,后来皮子掉价了,他只能换一匹骡子,这匹良马和骡子之间到底相差价值为多少,这在没有货币之前也很难精确化地衡量,有了货币,皮子、良马和骡子的价值就被货币化了,我们可以精确化、数字化地讲出它们之前的兑换比率及价格差额。对于颜色来说也是如此,介于A和C之间,如果A为红,C为黄,B介于红黄之间,那么就可以以橘红或者橘黄来保存对B的感觉,并可以把我们对B的感觉传达给没有见过B的人,因为别人虽没见过B但他却懂得颜色,懂得橘红或者橘黄。

实质上,这里谈抽象、谈摹状的同时也要谈到感觉,因为摹状的对象是感觉内容,感觉内容虽然是私的,但要说出这种感觉内容,使私的感觉内容成为公的,就不得不运用抽象手段,所以感觉的表达离不开意念或者概念。在这个意义上,我们赞成康德所说的"感觉无概念则盲",没有概念,只能停留在只有自己知道的内容上,却永远无法让别人也知道我的感觉具体是一个什么颜色、味道等。

意念不仅有摹状作用,还有规律作用。"所谓规律,是以意念上的安排,去等候或接受新的所与。"①

这里规律可以联系起来摹状说,在摹状中,以橘红或者橘黄去摹状介于红黄之间的感觉内容,而为何不以蓝或者绿去摹状介于红黄之间的感觉内容,这就是根据意念的安排,意念的安排中橘红或者橘黄介于红黄之间,而蓝和绿不介于红黄之间,所以根据意念的安排,选择介于红黄之间的意念去接受所与,只有以意念接受所与,才能摹状所与。这里也可以看出规律与摹

① 金岳霖:《知识论》,商务印书馆1996年版,第364页。

状的区别，规律在于接受，摹状在于保存与传达，但没有接受就没有保存与传达，在这个意义上规律是摹状的必要条件。但金岳霖同时指出，就摹状和规律本身来说，二者互为必要条件，无规律不能摹状，无摹状不能规律。

所谓无摹状不能规律是就规律的接受问题而谈的，没有摹状就不能传达，不能传达就不能使接受本身成为一个普遍的、类的接受，不能在类的层面上谈接受，那就不能达到一种知识的接受。譬如当我们说那边有一个橘黄色的东西像金橘，接受者由于不能在类的层面接受，就必须跑过去看看，然后实物对照之后才能以橘黄色接受，也就是说摹状的保存与传达所带来的公共化是规律从以规范接受个体的、具体的过渡到以规律接受类的、普遍的之必要条件，使得规律不仅可以在面对面时接受某一个个体，而且可以在抽象层面接受某一类。譬如说到金橘，或者想到金橘时，我们就以橘黄色接受它，说到香蕉我们便以"香蕉"接受它，而不必我们亲自见到金橘或者香蕉。从而可见抽象离不开摹状和规律，是二者的综合，而二者又你中有我，我中有你，互为对方的必要条件。

二、意念的起源

意念的起源问题自柏拉图时代起就已经成为一个无法回避的问题，因为只要认识达到抽象层面，就要追问意念从哪里来。在理念论中，理念世界与感官世界是两个不同的世界，理念世界是真实的世界，相对于理念世界，可见世界的实物只能算是理念世界的"影像"，它们分有或模仿理念成其自身，对理念世界的认识构成知识，对实物世界的认识只是"意见"，这里的知识实际上就是抽象的概念认知。关于如何达到对理念世界的认识，也就是说如何获得理念的知识，通过借苏格拉底之口提出助产术学说，[①]柏拉图提出"回忆说"，这个学说又以"灵魂不灭说"为前提。在《美诺篇》中，柏拉图举了一个教小奴隶解答几何题的例子，证明对于理念世界的认识，也即知识是人心中本来固有的，人在出生前灵魂就已经有知识，不过灵魂在和肉体结合

---

① 通过论辩方式，将他人心中固有的知识启发出来。

时忘记了，出生后通过具体事物的认识，加以启发，就能回忆出和这些具体事物相类似的知识。

柏拉图的理念又分为数理理念和哲学理念，数学理念就是诸如“三角”“圆”“数”等数学概念，哲学理念值诸如“正义”“勇敢”，以及最高的“善”的理念等伦理概念。柏拉图以“回忆说”回答意念的起源，意念在他看来是先天的，由于灵魂是不灭的，意念在人出生之前就寄托在灵魂中了，但是他也没有完全忽略经验的作用，至少后天的回忆依赖于对具体事物的认识。但总的来说，这依然是一种唯理论的回答，认为抽象的意念先天存在。

到笛卡尔，提出“天赋观念论”，认为关于数学公理这类观念是天赋的，不来自经验。洛克则相反，他从经验入手提出了“简单观念”和“复杂观念”的学说，认为复杂观念源于简单观念，简单观念就是直接经验，包括直接的感官认识和心灵的内省，可以说把复杂观念追溯到经验层面。到了康德，就提出先天感性直观形式和十二个知性范畴，感性直观形式诸如“时间”“空间”是接受感性材料的形式，十二个范畴是接受“感性直观”的形式，无论是时空还是十二范畴在康德看来都是先天的。[①] 金岳霖对唯理论意念先天来源说是持批判态度的，这直接表现在他对于康德的先天直观形式和范畴的批判上，他说：

> 也许有人以为“时间”、“空间”、“因果”……等等意念或接受方式都可以担保秩序底维持。其实这些接受方式都不是必然的，它们没有纯理论的理由，担保所与必如它们底方式去呈现。它们也许可以在事实上担保，……它们在纯理论上不能担保。它们既不能在纯理论上担保所与必如此呈现，它们当然不是先天的接受方式。如果有先天的方式，这方式是所与之所不能不遵守的。所谓不能不遵守，就是有纯理论的

① 正如怀特海所言，几千年来的哲学不过是柏拉图哲学的注脚，从先天范畴来说，柏拉图在后期著作《巴门尼德斯》篇中通过对一多、动静、同异等范畴的研究，修正了前期理念论的看法，认为作为理念的范畴并非绝对自身同一，而是互相贯通，提出“通种论”，这可以看作是最早的范畴学说，对后来亚里士多德的范畴理论、康德的范畴理论无疑都奠定了理论的基石和方向。

理由，表示非遵守不可。[①]

所谓纯理论上，就是指在逻辑的可能性上，就时间而言，也不能保证一直存在，时间以后可能也会“没有”，在这个意义上说，意念不可能来自先天，也即没有先天的接受方式。他又指出从材料不能不遵守的意念，“式”是一先天的意念，[②]是所与所不能逃的，但他同时指出“式”并不是一接受方式，式是在本体论范围内，而接受方式是在经验层面谈的。

因果、时空的意念跟红的意念不一样，金岳霖对康德的批判主要集中在对作为接受方式的形式以及范畴的先天来源说的批判上。以“时空”为例，金岳霖认为“时空”这个抽象的意念就不是先天的，而是来自主体对所与的整理活动，他说：

> 本书认为时空意念是直接由收容与应付所与底情形中得来的。时间虽不是所与中的项目如东西或事体，然而它们的确是随这些项目而俱来的。时空虽不像东西或事体那样地存在，然而呈现或所与中仍然是有它们的。至于时空意念，我们把它们视为和别的许多的意念同样，它们也是以所与抽象地摹状所与而来的。也许这里所谓抽象有绕圈子的情形。抽象既是从呈现或所与中符号化地执一以范多，执型以范众，它当然就是把呈现或所与提出到它们所占的时空之外。可是，说把它们提出到所占时空之外，也就是说，把时空从被占住的情形中解放出来。结果是只要有抽象，就有抽象的时空意念，而时空意念也是和别的许多意念一样地抽出来的。时空虽不能直接地指出，然而并不因此就失去它们底经验上的根据。[③]

---

① 金岳霖：《知识论》，商务印书馆 1996 年版，第 398 页。
② 参见金岳霖的《论道》。
③ 金岳霖：《知识论》，商务印书馆 1996 年版，第 575 页。

金岳霖不仅对因果、时空这样的意念的先天起源说持否定的批判态度，对“红”这样意念的洛克式的经验主义“白板说”以及“简单观念说”也持否定的批判态度。洛克的“白板说”认为大脑像白板一样没有任何意念，简单观念纯粹是从经验而来，复杂观念又由简单观念而来，所以得到的抽象意念是“后验的”。对此，金岳霖批评说：

> 我们也没有“空白的心”(talula rasa)被动地让所与去印花纹。如果我们让所与印花纹，印了一次之后，马上要擦去预备下一次再印，不然的话，下一次的所与既没有地方印花纹，对于官觉者就毫无影响了。意念总是普遍的，想起它虽在某时某地，得到它虽在某时某地，而它本身无所谓在某时某地。意念(除式外)总是摹状，所以总有后验性，它总是规律，所以它总有先验性。[①]

金岳霖认为在印花纹之前，大脑中就已经有意念，而且是意念图案。没有意念，见到一个东西就不能安排到意念图案中摹状，也就无法保存与传达，如果真是这样大脑就只能陷入机械的被动“印花纹”，在下次“印花纹”之前，还要把之前的擦掉，而这是不可能的。所以大脑在接受所与之前就有意念而且有意念图案。譬如在摹状金橘的橘黄或者橘红时，必然要有红与黄的意念，红与黄又必然在颜色的谱系(意念的图案)中，这样摹状才可能，我们才能得到橘黄或者橘红的意念。所以，意念不仅有后验性，而且有先验性，后验性是从摹状说，先验性是就规律说。摹状总要用到规律，规律总来自摹状。但如此说法，似乎陷入循环论证，而且这是就某一个意念来说，可以说这一个意念的摹状以其他的意念和意念图案的先验存在为必要条件，但是如果无限地追问下去，追问“最初”的意念来自哪里，这就又回到了洛克的“简单观念说”解决问题的理路上了。站在洛克的立场上，他可以一以贯之地说最初的意念来源于简单观念，简单观念来源于感觉和内省的经验，所

---

① 金岳霖：《知识论》，商务印书馆 1996 年版，第 403 页。

以最初的意念也来源于经验,譬如“红”来自对红色事物的经验,但是金岳霖不能这样说,因为他的意念说中意念既有先验性,又有后验性。关于“最初”的问题,他说:

> 我们在我们底知识经验中,决不至于在某时某地只有一意念。我们的抽象工作,决不是最初抽出第一意念,然后抽出第二意念,然后抽出第三意念……。我们现在不管“最初”问题,假如有“最初”的时候,在那时候,我们也不会有单独的意念最初出现。意念之来,总是挨着挤着来的。同时我们也要说,不仅我们没有单独的意念,而且也没有所谓最简单的意念。说没有最简单的意念,也就是说,没有不是别的意念构成的意念。果然如此,一意念在思议历程中出现,也就是别的意念出现。意念之是否有最简单的,是一重要问题,它底答案在哲学上的影响非常之大。我们在现在不讨论这问题。我们只说没有最简单的意念,而这无非是,从另外一方面,表示没有单独的意念。①

可见金岳霖反对这种无限倒退式的追问“最初”的意念的来源问题,他认为意念之发生不是从一到二再到三这样的不断层级抽象的结果,而是意念一出现总是以一个图案式的联接出现,用他的话说就是“意念之来,总是挨着挤着来的”。既没有单独的一个意念,也没有最简单的意念,“一意念在思议历程中出现,也就是别的意念出现。”这种观点与其对从“唯主方式”立场出发求“无可怀疑原则”的批判是一脉相承的。

金岳霖既反对康德式的先天来源说,也反对洛克式的经验来源说,在他看来,意念是先验性与后验性的统一。先验性是就规律说的,无规律不能摹状,后验性是就摹状说的,无摹状不能规律,意念要能够成立,要“有意念”,就要达到摹状与规律的统一,也即得自所与与还治所与的统一。这种意念论的提出可以看作是金岳霖知识论在意念理论上的一个创新之处,它既揭

① 金岳霖:《知识论》,商务印书馆1996年版,第378—379页。

示出意念抽象活动的复杂性，也揭示出意念双重作用的辩证统一，同时也打破了意念(或概念)的静态结构说，反映出意念内在地包含着围绕着所与的活动。但是，这种先验性与后验性的统一说，也存在一定的理论困境，譬如胡军就提出两点责难：

1. 以橘红或橘黄意念的得到为例，摹状后得到橘红或橘黄，但由于“无规律不能摹状”，在还没有得到橘红或橘黄之前，就以橘红或橘黄为接受方式，到底是在摹状前就有橘红或橘黄的意念，还是在摹状后得到的呢？抽象地说，就是追问一意念的产生是本身内在于规律之中本来就有的、通过摹状把它清晰化出来，还是必须通过摹状的作用加工出来。

2. 意念既得自所与，它又如何能应付所与呢？因为一般认为先验的东西不能来自经验，来自经验的东西不具有普遍必然性，不具有普遍必然性的东西如何能应付所与呢？意念到底从所与中抽象出什么？

从知识论的角度看，这两个问题的确难以回答，但金岳霖的知识论是以本体论为基础，在他整个理论结构中，意念来源于共相，而共相寓于现实的个体之中，所以意念得自所与。从关系与性质这两方面来看，金岳霖认为关系的意念来源于关系共相，他说：“关系共相为收容工具所收容成为关系意念或概念。”譬如时空、因果、变动等这都是关系共相，在其本体论著作《论道》中有详细阐述，知识论中的时空、因果、变动的意念(或概念)就来源于关系共相，性质的意念来源于性质共相，譬如“红”的意念就来自红的共相。意念相互关联构成意念图案反映共相或共相的关联。这就是金岳霖对于意念和共相之间的理论安排。

针对以本体论的共相理论作为意念的来源，胡军认为金岳霖犯了“预期理由”的错误。胡军指出，一方面，关于共相的普遍知识应该在追求知识的终点，而现在放在了起点，变成了预设，用来说明意念的先验性来源问题，“如何知道”所与有共相或共相的关联？另一方面，“如何保证”收容所与中的共相或共相的关联所得到的意念就一定是对共相或共相的关联的正确反映呢？

这两个问题是把知识论问题延伸到本体论领域所必然面对的质疑。此外，“如何确定”关系共相和性质共相就是外在世界的本然联系呢？譬如因果关系，何以“本来就有”，又“如何确定”？如何避免陷入柏拉图理念论的范式安排，而使知识论中的意念以本体论的共相为来源并显得合理？相对胡军所提的那两个疑问，这是一类针对本体论的发问，金岳霖知识论的意念理论中既然牵涉本体论问题，又以共相为基础，那么何以保证本体论基础的牢靠性呢？站在本体论的界域内这种提问或许不合理，但站在知识论的界域内反思其本体论基础，这种提问就具有合理性。

综合以上这些质疑来看，说意念来源于所与中所寓的共相或共相的关联这种理论安排的确难以回避质疑，而对此金岳霖在知识论中显然无法回答，因为在他看来，意念来源于共相或共相的关联如同“理有固然”，这是本来就有的。因此，在这一方面，金岳霖关于意念来源问题的解答的确存在着理论上的冒险，虽然从其整个理论结构安排来看，引入本体论的共相理论来解决知识论的意念问题颇富新意，但是这种安排必然要遵循知识论的辩护原则，而不能强行安排。

关于意念的讨论，在金岳霖看来才真正上升到知识层面的讨论，知识主要是就抽象的一方面来谈，这也是在官觉范围内的意像所不能企及的，在意像的层面上只能得到直接的认识。譬如休谟的印象或者回忆，但终不能得到抽象的意念，而知识主要是以概念为基础的认识方式，所以意像必须上升到意念。正如本章所讨论的，通过意念的双重作用摹状和规律，在得自所与和还治所与过程中获得意念，由意念而联接起来组成意念的图案，有系统的意念图案就是有知识。当然，就抽象层面而言，知识是抽象的意念图案对于外在世界的把握，具体来说就是正觉的把握，知识以正觉的形式呈现在人类的行为中。

以意念的方式抽象把握外在世界还只能说是达到知识的第一步，如胡军所质疑的那样，按照金岳霖的理论安排，所得到的意念或意念图案能否正确反映共相或共相的关联，需要对接受方式及由意念（或概念）最终形成关于命题真假的判断。所以在接下来的章节中，会考察以因果为代表的接受方式及真假问题。

第六章　因果问题

因果问题是现代知识论研究中常遇到的一个问题，也是金岳霖知识论的一个重要组成部分，金岳霖关于因果理论的研究起源于对休谟因果理论的反思，在反思批判休谟因果理论的基础上，他提出"理有固然、势无必至"的命题去解决因果必然性的问题。金岳霖对休谟因果必然性困境的反思与他对秩序问题某些方面的反思有着相同之处。秩序问题的核心内容主要包括两个问题：1. 秩序是不是普遍的；2. 秩序是否以前如此、现在如此而且以后依然如此。对此，金岳霖提出"概念的双重作用学说"和"归纳原则作为接受总则"的理论以解决这两个问题，"概念的双重作用学说"主要解决普遍问题，"归纳原则作为接受总则"主要解决秩序的前后一致问题。

休谟在秩序的前后一致问题上有着与因果问题相同的困境，而金岳霖对于解决二者的方法也有着相似之处，但这种方法是否合适并解决了休谟在因果必然性上的困境，是本章研究的一个主要方面。本章对金岳霖因果理论的分析从三个方面展开：1. 休谟的因果理论；2. 以"理有固然、势无必至"为核心内容的因果理论是否解决了休谟的困难；3. 如何评价金岳霖因果理论的得失。

第一节　休谟的因果理论

休谟在发现或者假设了因果的接近性和连续性作为因果观念的必要条件之后，提出必然性是因果关系更为重要的一个方面。关于因果的必然性，他总结为两个问题：

第一，我们有什么理由说，每一个有开始的存在的东西也都有一个原因这件事是必然的呢？第二，我们为什么断言那样一些的特定原因必然要有那样一些的特定结果呢？我们的因果互推的那种推论的本性如何，我们对这种推论所怀的信念的本性又是如何？[①]

第一个问题就是要考察是不是"凡事必有因"，也即要考察原因是不是事物或事态存在本身所具有的联系，是不是世界所本来具有的，还是说仅仅是人所观察到的现象或观察现象所采用的一种工具手段；第二个问题则主要考察因果关系在人的视域中占据一个什么地位、发挥什么作用，这涉及我们对于特殊的因果现象之间联系的理解以及对由此及彼的推理信念的态度。

关于第一个问题，休谟用四个本体论证明否定了因果必然性的存在：

1. 如果把能想象得到作为存在的理由，那么当然可以想象一个之前并不存在的东西存在，譬如金山、外星人等，可以想象这种现实中不存在的事物，它们可以在想象中存在，金山和外星人当然无需也无法给它找一个原因，因为其本身是现实所不存在的，是与现实相分离的，但是它们可以合理地存在于想象的可能世界中。

2. 如果任何事物缺乏一个原因，那就不能说它是它自身产生出来的，因为说它是它自身产生出来的就等于说它仍然是有一个原因的，但是前提是它缺乏一个原因。

3. 无不能生有，在找不到原因时不能以"虚无"为遁词，说"虚无"是原因。

4. 从"因必有果、果必有因"不能推出"凡事必有因"，这里休谟举了一个形象的例子："正如我们不能因为每个丈夫必然有个妻子，因而就说每个男人都结了婚一样。"[②]

---

① 休谟：《人性论》，商务印书馆 1997 年版，第 94 页。

② 休谟：《人性论》，商务印书馆 1997 年版，第 99 页。

通过本体论证明否定了“凡事必有因”之后，休谟就回归到了经验的考察上，他把人们对因果现象联系的本质总结为恒常会和，把人对于这种现象的因果推理认识看作是习惯，这也就是休谟因果理论的两大著名观点。这种观点从提出之日起便广招诟病，尤其是从科学的角度来看，如果认同休谟的因果理论，科学推理就缺失了一种严谨性，而转化成了从人的习惯中总结出来的规律，而自然律亦遭到否定，自然现象变成毫无规律可循的恒常会和，从而科学认识所发现的自然律就成了对于恒常会和现象的发现而已，这就极大地否定了科学认识的真实性和准确性。也可以说，是基本上摧毁了由推理而得到的科学知识的基础。这也就是著名的休谟因果问题。

第二节　理有固然、势无必至

金岳霖因果理论的提出是建立在对休谟因果理论批判的基础上，而对休谟因果理论的批判又建立在对休谟哲学最中坚思想的批判之上。在他看来，休谟哲学最大的毛病在于只承认意像，不承认意念。意像是具体的，意念是抽象的，不承认意念就不能在抽象的层面去考察问题，就只能局限在具体经验中，这不仅对因果理论，对其他哲学问题也是很难讲通的。也正是由于局限在意象中，在休谟看来印象中经常性先后出现的现象就只能被理解为恒常会和，而人们对这种因果现象的推理认识只能看作是习惯，站在这种理论立场上，日常现象就成了一串没有普遍因果关系的前后相继的现象了。

但实际上，哲学家不可能完全停留在具体的经验层面，哲学家总是要讲出一个道理，讲道理就必须要上升到抽象层面，而事实上，休谟也无可避免。关于这一点，金岳霖指出：

如果他果然严格地不承认有普遍，他根本不至于发生这样的问题。他果然严格地只承认有特殊，他会只说几句话就解决了这问题。他底问题底困难一方面是因为他无形之中承认有普遍，而在他正式的哲学中又不承认有真正的普遍。[①]

正是休谟不承认有普遍，所以他也无法得到知识所建立的一种普遍秩序，而只能拥有从印象和记忆中得到的现在或以往的秩序，那么如果将来推翻现在或者以往，由现在或以往而得到的秩序也一并被推翻。虽然他可以以将来的任一时间为“现在”，但立足于那个现在，他依然无法担保由那个现在得到的秩序不会被相对于那个现在的将来得到的秩序所推翻。所以，金岳霖说休谟对于因果问题的困难跟秩序的前后一致问题本质上是一样的。在解决秩序的前后一致问题上，金岳霖提出归纳原则是先验原则跟在因果问题上把普遍的因果关系看作是固然之理的理路也是一致的。以下我们就具体来考察“理有固然、势无必至”这个理论是否解决了休谟在因果问题上的困境。[②]

在“理有固然、势无必至”这个命题中，理是指共相的关联，势是指殊相的生灭。金岳霖把休谟立场上的因果问题转化为一个理和势的问题，把普遍的因果关系看作是一种“固然”的理，而特殊的因果现象之间的联系则看作“势”。

先说“理有固然”，这里“固然”是金岳霖特殊的用法，以区别于必然。在他看来，固然和必然不同，必然是站在逻辑的角度上说话，而固然则是站在本体论的角度上说的，他说：“表示固然的理底命题不是逻辑命题，它是普遍的真的命题或自然律而已。……遵守固然的理的命题的，只是事实；遵守必然的理的命题，任何情形都行，凡可以思议的，都遵守必然的理。”[③]在本体论的意义上，固然的理就是共相的关联，共相的关联总是寓于事实之中，所以遵守固然的理的命题只是事实。

“理有固然、势无必至”也就是肯定因果关系的存在，但是具体的因果现象之间的联系并不能由因果关系而决定，而因果关系的“靠得住”也不因具

① 金岳霖：《知识论》，商务印书馆1996年版，第418—419页。
② 金岳霖：《知识论》，商务印书馆1996年版，第419页。
③ 金岳霖：《知识论》，商务印书馆1996年版，第681页。

体的“势”能否“现实”而决定。他举了一个例子来表达这个思想，他说一个人吃了砒霜，几分钟内就会死，但是如果医生设法让他吃的砒霜吐出来，他可以不死。这里面有两种因果关系：1. 他吃了砒霜，会死；2. 医生让他吐出来，他虽然吃了砒霜，也不死。第二种情况较之第一种情况里面加入了一个条件：医生的干预。金岳霖认为虽然阻碍第一种情况，但是并不能因此否定第一种情况的因果关系靠得住：“一个人吃了砒霜，几分钟内就会死”。而且如果第一种情况发生，也并不否认第二种情况，即“假如我吃毒药死了，我底朋友也许会说，可惜没有医生在旁相救。假如我为医生所救，我们也不会说毒药无害于人。”[①]金岳霖认为因果的现实与否不是它靠得住与否的标准，它虽不现实然而只要同样的条件满足，它仍靠得住。他认为休谟的毛病也就是看到“势无必至”就以为“理无固然”，金岳霖处理因果问题的方式就是把普遍的因果关系和具体的因果现象分为两截，具体的因果现象是因果关系的现实，但是因果关系现实为何种具体的因果现象并不是一种必然的，而是存在着偶然性，其中有各种正负条件的作用。

这样一种处理方式有支持者，也有质疑者。支持者如胡伟希认为“理有固然、势无必至”击中了休谟问题的要害，[②]但是质疑者如张志林认为，这个命题的提出仅仅是提出了普遍的因果关系和特殊的因果现象之间的协调问题，而最终休谟所追问的“理何以有固然”这个问题依然是没有回答。[③] 也有持中间态度者，譬如胡军认为，评价金岳霖是否解决了休谟问题的关键在于如何看待形而上学在理论上的必要性。[④] 可以说持这三种态度均从不同方面看到了金岳霖此理论的优缺点，总结起来可以看出此理论有以下几个特点：

1. 在这个理论中把普遍的因果关系看作是一种共相的关联，而特殊的因果现象之间的联系看作是这种因果关系的现实化，这就把休谟从特殊的

---

① 金岳霖：《知识论》，商务印书馆 1996 年版，第 682 页。
② 胡伟希：《金岳霖与中国实证主义认识论》，上海人民出版社 1988 年版，第 67—68 页。
③ 张志林：《因果观念和休谟问题》，中国人民大学出版社 2010 年版，第 193 页。
④ 胡军：《道与真》，人民出版社 2002 年版，第 133 页。

因果现象出发的方式颠倒过来了。金岳霖是从理出发,寻找理和势的关系。

2. 在理势的语境中,把休谟由特殊的因果联系推理普遍的因果关系是否靠得住的问题转化为“理本身靠得住”和“理的现实与否”两个问题,这两个问题不同,两者也没有必然联系,不能由此推彼,也不能由彼推此。

3. 引入条件,“理的现实与否”与条件的满足有关系,条件的满足与否是或然的,那么势之“成”与否以及如何特殊地“成”都是或然的。

4. 只要条件满足,固然的理也靠得住。

休谟的理路是从现象中去找普遍必然的因果关系存在的合理性,金岳霖则是反其道而行之,是在认为因果关系存在的前提下,如何给出一个合理的解释协调普遍的因果关系和现象中的因果联系,这当然会被别人抓住把柄,说他没有真正地回应休谟的问题。当然,站在金岳霖的立场上,因果问题并不等于休谟的问题,休谟的问题是从休谟的理路来思考因果关系的问题,但是对于因果关系本身,在金岳霖看来其关键在于如何解释得通普遍的因果关系和特殊的因果联系之间的关系问题,而不是去追问普遍的因果关系何以从特殊的因果联系中得出,如果提出一个理论只要能解释得通这二者之间的关系,那么因果问题本身也迎刃而解。

因此,金岳霖对于因果问题根本没有从休谟的立场出发,金岳霖提出“理有固然、势无必至”正是基于这种理路展开的,所以他一开始就从理出发,规定势是理的现实,这样的话,理就不受势所制约,无论势之现实与否,理总是固然的,所以也不能从势的不现实为某种具体样态而推出普遍的因果关系之理不成立,而是说无论势现实为何种样态,它都在那样一种因果关系之中。它可能为我们所预见到,也可能无法预见到,但即使无法预见到,这也只是现实的条件不知,或者知,亦不知其如何具体而已,并不能因之而推出因果关系的不存在,这就是金岳霖对于因果问题的整个理路。他认为只要协调了普遍的因果关系和特殊现象中的因果联系,那么就不能由特殊的现象中的因果联系的不一致而否定普遍的因果关系的存在。所以,在转换因果问题争点的同时,最后金岳霖站在“理有固然、势无必至”的理论立场上,否定了休谟从特殊现象中的因果联系的一致与否而推普遍因果关系存在与否的合理性,因为在金岳霖看来二者之间本来就没有逻辑的必然性。

第三节 因果理论的得失

金岳霖的这种因果理论可谓独树一帜,但同时也产生很多争议。对金岳霖因果理论的评价多集中在“理何以有固然”以及固然之理与现实之势的关系上面,这其中就涉及休谟所说的因果推理的信念。譬如张志林就认为“有固然之理”是一个独断论的教条;胡军认为最终评价金岳霖的因果学说要归结于如何评价形而上学理论的必要性;杨国荣在评价归纳问题的解决时认为金岳霖将方法论和本体论结合起来,客观秩序构成了从特殊到普遍的内在基础,使归纳方法获得了本体论的根据。[①] 上文说过金岳霖以归纳为先验原则解决秩序的前后一致问题,与把普遍的因果关系看作“固然之理”的解决理路是一样的,所以在因果问题上,金岳霖同样是将方法论和本体论结合起来了。纵观三者着眼点虽不同,但相同的是三者都在不同层面看到了金岳霖在对方法论的讨论中引入了本体论的思考。其中,本体论层面的“固然之理”的“有”构成了方法论上可以预测特殊的因果联系,“客观的秩序”的“有”以及“归纳为先验原则”则成为归纳原则作为接受总则的根据。因此,如何评价金岳霖在方法论中引入本体论以及本体论设定是否构成推理信念的根据,就成为评价金岳霖因果理论得失的关键,也即问“理何以有固然”以及“固然之理和现实之势关系如何”的问题。

一、理何以固然的问题

问固然之理如何得,也就是问因果关系何以是共相的关联,也就是追问因果关系的普遍性。关于这个问题,金岳霖认为一方面这主张有便利,他也赞成,因为如果承认此主张,“我们用不着先证实它有因果然后才设法去发

① 杨国荣:《实证主义与中国近代哲学》,华东师范大学出版社 2009 年版,第 173 页。

现它的因果是甚么。这在研究底方法是一比较地省事底主张”。[①] 也就是说,因果关系存在比不存在更利于知识论的研究。

其次,他认为这“一切被决定主义”是一方法上的假设,或许能够被证明,但很难被证实:

> 这意思是说,在此假设之下,我们可以作某种某类事物底研究,或作某种某类底推论,而不是说,这主张本身是引用某某方法所得到的知识。也许我们要说,它是一种前提,不是结论,它是求知历程中各方法或一部分的方法所隐含的前提,而不是引用方法之后所得到的结论。……它是接受它的人所认为是真的,而不必在观察或试验上求证实的假设,不是暂且承认以待将来去证实的假设。[②]

也就是说它是一个不可证实的命题。在证实与证明的关系上,金岳霖有所区分,他说证实不是证明,证明是通过逻辑推理,或正面证明、或假设并反证其并不矛盾从而证明命题的正确性,而证实不同,证实牵涉到经验领域。他指出对于证实一切皆有因果关系这一命题是一不可能的事情,因为因果关系并不是我们凭空想象的,其本身就是从经验现象中归纳出来的一种假设,既然是从经验现象中归纳出来,我们又怎可拿经验现象对其证实呢,这不是又返回去了吗? 所以,理有固然或许可以在逻辑上被证明正确、无矛盾,但的确是一不能证实的命题。

金岳霖说因果关系是固然的理,这里“固然”也是他特殊的用法。在他看来,固然不同于必然,必然是站在逻辑角度上说,固然是站在本然角度上说的,是本来就如此的意思,他说:“遵守固然的理的命题的,只是事实;遵守必然的理的命题,任何情形都行,凡可以思议的,都遵守必然的理。”[③]也即凡

---

① 金岳霖:《知识论》,商务印书馆 1996 年版,第 638 页。
② 金岳霖:《知识论》,商务印书馆 1996 年版,第 639 页。
③ 金岳霖:《知识论》,商务印书馆 1996 年版,第 681 页。

可想象的，不管现实中有没有，都遵守必然的理的命题，譬如武侠片中的飞来飞去，这都可以想象，甚至可表现出来的，当然可以思议，当然遵守必然的理，而遵守固然的理是现实的事情。在这个意义上可以说因果关系不同于上帝、神这类概念假设，遵守因果关系的事情都不是不可思议、不可想象或者不可知论的，而是有前因后果的事情。因果关系在金岳霖看来是普遍的真的命题或者自然律，遵守因果关系的都是事实。那么要问因果关系何以是固然的理，也就是要问反映出因果关系的这种自然律何以是本来就有的，这个问题显然很难回答，金岳霖在知识论中没有回答，因为对于自然律何以有的认识已经超出了知识论的范畴，虽然在自然律内承认固然的理，但却很难回答固然的理何以得。对此，当然可以想象这种反映因果关系的自然律是一种超人或者神设计出来的，但是这并不能回答固然的理何以有的问题。因此，经验上无法证实，而非经验领域的设想也仅仅是设想，更无法证实，甚至在逻辑上亦无法证明，因而只能说有因果关系的自然律对于人建立知识、理解世界比没有因果关系的自然律要好，从这个角度上说，因果关系可以有，但这依然不能说它本来就有。

二、固然之理与现实之势的关系

（一）固然之理预知现实之势

在金岳霖看来“固然之理”并不决“势之必至”，也不决“事之必至”。换句话说，在他看来，特殊的事的发生总是或然的，通俗而言之，就是不一定的，不一定怎么样发生。要想判断怎么样发生就要知道发生的条件，而这是不可能的，我们不可能未卜先知。但是，用金岳霖的话说，即便知道 $bt_m s_m$ 所要发生满足的条件，进而知道 $bt_m s_m$ 一定会发生，也仍然只是在固然的理的层面的知道，实质上并不知道它是以 $xt_m s_m$ 还是 $ybt_m s_m$，或是 $zbt_m s_m$ 的方式特殊地发生。所以在金岳霖看来，“说 $bt_m s_m$ 一定发生，仍是说 A－B 是固然的理而已。”也即这仍然不能逃于“理有固然、势无必至”，这顶多说明“预知的可能仍决于理”，而并不能说明“固然之理”决“势之必至”。

但是这里有几个问题需要反思：(1)如果知道 $bt_m s_m$ 一定发生，但究竟

是以 $xbt_m s_m$ 还是 $ybt_m s_m$，或是 $zbt_m s_m$ 的方式特殊地发生，对不求具体的果而只在于因果关系的发生来说，有何意义？举个例子，如果拿打火机点燃一张纸，这张纸就会被点着，假设 $bt_m s_m$ 是这张纸被点着这个特殊的事态，$xbt_m s_m$ 是打火机打了两次点着了，$ybt_m s_m$ 是从纸的边缘点着了，$zt_m s_m$ 是从纸的中间点着了，$xbt_m s_m$、$ybt_m s_m$、$zt_m s_m$ 这种特殊的发生，对于 $at_n s_n$ 因达到 $bt_m s_m$ 果而言有何意义？$xbt_m s_m$、$ybt_m s_m$、$zt_m s_m$ 不过是 $bt_m s_m$ 具体事态，我们也许只会碰到 $xbt_m s_m$、$ybt_m s_m$、$zbt_m s_m$，而永远碰不到 $bt_m s_m$，但是我们仍然会说由 $at_n s_n$ 因达到 $bt_m s_m$ 果。换句话说，如果追求无限的具体为其特殊事态，那么也许永远碰不到 $bt_m s_m$，也根本碰不到 $xbt_m s_m$、$ybt_m s_m$、$zbt_m s_m$。

（二）由因测果与由因得果

对于未知的事态的预测和在某种条件下制造某种结果，虽然都是可以套进去因果，但是却有本质的不同，就事态的预测而言，不可能未卜先知，只能在 A—B 的层面谈问题。正如金岳霖所言，仅可知道某条件的前提下预测某事态一定发生而不知其如何特殊地发生，而在科学实验以及制造中，施与某些条件之后，能得到想要的结果 $xbt_m s_m$，也就是说可以知道如何特殊地发生，如果不能保证达到那个特殊的结果 $xbt_m s_m$，也就无法确保实验的确定性，而实验是以确定性为基础的。不仅如此，实际上金岳霖的"理有固然、势无必至"的因果协调理论虽然给出了普遍的因果关系和特殊的因果联系之间的关系的一种解释，但是这其实只是一种较低的因果要求，降低了因果的标准，而我们对因果问题发生兴趣以及追寻实际上是那个较为硬性的普遍因果关系，这也是休谟所追问的那个因果关系。这个因果关系要能够决定和解释特殊的因果联系，而不仅仅是对其作出的一种预测，我们要的不是由因测果而是由因得果，这样知识才能充分建立在一种确定性的基础上。

综而言之，金岳霖通过指出休谟没有意念而只有意像批判了休谟否定因果的荒谬，在他这里不仅承认意像，而且承认意念，因果问题被转换为理势问题。休谟的从经验出发追问何以有普遍的因果关系，也被转换为从理出发如何协调理势关系的问题，"理有固然、势无必至"的提出似乎解决了这个问题，但是面对“理何以有固然”的问题仍然无法回答。也就是说，实际上金岳霖的这种处理方式降低了因果的硬性，而休谟所追寻的那种普遍的因果关系是要具有硬性能够决定特殊的因果联系的，不过，即便如此，金岳霖安排理是“固然的有”以及认为所与中有客观秩序，特殊事例中有普遍的共相的关联，这种看法无疑打破了局限在正觉范围内对于知识论的方法论研究，而使得对本体论的考察和方法论的研究结合起来了，在这个意义上我们认为金岳霖对于推进因果问题的研究提供了一个有益的视角。

第七章　真假问题

金岳霖的真假学说主要在《知识论》的第十七章中讨论。真假问题是西方哲学研究中的一个重要问题，涉及真的概念（什么是真），真的标准（如何为真），以及证明真之为真等，一般以命题、命题判断作为研究对象。就知识论研究的传统而言，真假问题一般在命题知识的范围内来讨论，但也有不在这个范围的研究，比如海德格尔就会谈真的存在论基础，伽达默尔会在诠释学语境中谈论真，所以以此来看，真假问题并非天然讨论命题知识的真假，而是牵涉到人的存在及理解等范围更广的问题。

第一节　以前的真假学说

金岳霖在提出他自己的真假学说之前，对四种具有代表性的真假学说给予了批判。这四种真假学说分别是融洽说、有效说、一致说、符合说。融洽说的毛病在于它有一个大写的真的要求，其他的小写的真都要在这个大写的真的条件下，才能真。这样就引向了一种形而上的真理观，这会造成两个麻烦：一是真假是有程度的真假，比如小写的真与大写的真就有了程度问题。在融洽说看来，大写的真无疑比小写的真更真；另外就是真不是单独的真，相对于全体来说，任何部分都不是完整的，都无法绝对融洽，只有全体为真，不存在单独的部分的真。

有效说是一种实用主义的真理观，它特别注重用，真还是假，就看它有用没用，有用的就真，没用的就假。但是这样一来也有毛病，譬如这个“用”是不是永恒的用呢？如果一时一地有用，一时一地没用，那么能说此一时一地真,彼一时一地假么?因此有效说很难规避时空的局限性,这也是此理论的致命之处;另外一方面是用之为用本身,何为有用,何为无用,如果仅仅验之于人,则陷入人类中心论,退一步而言,即便验于人,人之中又分群己彼此,对群有用而对个体无用,对彼有用而对此无用,反之亦然,如之奈何。

一致说犯了与有效说同样的毛病,它也是求之于主,只是求命题与命题之间的一致,而不求命题与事实之间的一致。

照相式的符合说麻烦更明显:一方面照片和所照之物应同在经验中,如果不同在经验中,则对照根本不可能;另一方面,看事实和命题是不是同样地平行在经验中,如果是,则二者都在主不在客,所谓符合也只是主内部的事,如果命题在主,事实在客,有内外之别,我们又如何知道内外相符呢?

第二节　知识论中真假的要求

通过对四种真假学说的批判,金岳霖建立了他的基于命题知识的真假学说。金岳霖首先划定了知识论讨论真假的范围以及知识论讨论真假的特点:

第一,形上与形下的区别

通过这种区分排除形而上的真,融洽说讲的就是形而上的真,它要求的真就是要与大全相融洽,所谓大全是一种形而上的“一”,金岳霖在《论道》中讲:“太极至真至善至美至如”,这也就是就大全而说的真。这在知识论中都要排除,知识论注重个别的真之所以为真,关注的是名言世界,不是大全,不是无分别,而是具体的,有分别的。对于可以名言分别的具体事物的把握是具体的命题,具体的命题的真假才是知识论中所要求的真假,这也就是说限定了知识论所谈论的真假要局限在命题知识的范围内。

第二,真没有程度

金岳霖认为真是命题与对象之间的关系质,关系质的有无取决于某种条件的满足,而条件的满足没有程度问题。一个命题所内涵的消息多少不是真假的标准,不能说哪个命题内涵的消息多,它就真。如果一个命题的真假程度要靠引用的范围的大小决定，那么只有至大无外的形而上的真才是最真的，但这不是知识论研究的范围，知识论要求单独的一个命题的真，在这一点上真不能有程度的分别。

第三，不相对于特殊的时地

命题无论普遍命题还是特殊命题，它总是样型，有普遍和特殊之分是就其对象而言的，命题的显现占特殊的时空，但是命题不是显现，是样型，样型不占特殊时空，而且无论普遍命题还是特殊命题都是超时空的，真假是命题的真假，命题既然是样型的，命题的真假也是样型，它当然超时空。而且假如特殊的命题随着时空的变而变，那么在任何时空都没有真的特殊命题，也没有特殊命题，因为对于以往的历史和将来的推测都不能断定的命题，根本也不是命题。其次，命题之间也无法交换，从甲口里出来到乙耳朵里，已经不是甲所言的命题了，但命题本身的要求是可以交换的。故而，命题和真假都不能随着时空的变而变，也即不相对于特殊的时地。

第四，不相对于知识类

知识类中有不同的官觉种，不同的官觉种就有不同的官能，就有不同的官觉，就有不同呈现，不同的正觉，当然也就有不同的所与。呈现和所与既不同，根据于其的想像当然也不同，但知识不是想像，里面还有抽象的意念或概念，意思与命题。不论其他，单从命题着想，命题是抽象的意念或概念的关联，它独立于不同的知识者的正觉和想像，从而不同知识者虽然官觉不同，但可以有共同的知识，共同的真假。

第三节　建立新的符合论

一、符合是真假的定义

在金岳霖看来，符合与否是真假的定义，他的理由类似于朴素的实在论。他认为知识是常识中的知识，无论科学知识还是哲学知识都扎根于常识之中，常识不完全正确，但修改常识中的错误还要依靠常识，无论知识论还是其他学问,独成一体闭门造车,的确可以脱离常识,但是要达到一种贯通的哲学,则离不开常识,科学也是如此,而常识首先秉持的就是朴素的实在论。在常识中的人们要获取各种知识的前提就是首先要有各种对于外界的视、听、触、嗅、思这些基本的官能活动,而且承认它们,承认它们并没有理由根据,而就是因为看到了、听到了、摸到了、闻到了、想到了,这就是朴素的实在论,纯粹是相信最基础的官能活动对于外在世界的把握为真。但这种信以为真,并不盲目,因为它们建立在官能活动基础上。譬如幻觉、错觉等这类官能活动为代表的系统性错误的确是造成我们常识错误的来源,但这种错误本身又是一种物理的不可避免的、或概率较大的判断性错误,跟人与外界发生关系时起作用的自身的组织结构及功能条件有关。在这个意义上,朴素的实在论当然是我们的基本,或者说是出发的准则,而它的错误也正是我们追求真以及建立真假理论所要解决的问题。金岳霖也明确地表示符合说有困难,但不能因此就放弃符合说:

> 因为符合说是最原始的真假说法。所谓原始的说法,是说一方面在思想及工具未发达的时候,我们只有此说法;另一方面,别的说法都根据于此说法。可是,这说法有困难。我们底问题是如何解决这困难。①

符合说就如同常识一样,有困难,但是这种困难本身一方面是由于我们自身的局限性造成的,另一方面是由于我们的认识停留在初级阶段还不够深刻。因此,我们不是放弃符合说,而是需要一种改造的符合说,这就是金岳霖建立新符合说的理路。在这里,我们可以看到金岳霖其实提出了一个很重要的观点:“符合说是最原始的真假说法”,以这种说法为标准的真也就是“常识的真”,“常识中的真最为基本,也最为重要,因为就求真底历程说,

---

① 金岳霖:《知识论》,商务印书馆 1996 年版,第 896 页。

别的真是建筑在它底上面的。"[1]说符合说是最原始,也就说在没有真假学说之前,我们以符合与否为真假,这不是符合说中的符合,而是人们的常识。

> 因为常识接受一独立于知识者的客观的外界。命题对于那个外界有所陈述或有所断定,命题底真假不能与那个外界不相干;知识者不能要求那个外界迎合知识者底意趣,不能盼望那个外界来将就知识者底命题,他只能要求他底命题和那个外界中的情形符合。这是日常生活中的情形,这也是大道理。这情形在事实上我们不容易不接受,此所以主张别的真假学说的人们,一不小心,就回到符合说。这道理我们也不容易忽略:大致说来,不能忽略它底理由,和本书开头两章所提出,我们得维持朴素的实在主义底理由,差不多。关于这一点,详细地说,话未免太多,而且难免重复。无论如何,本书以符合为真底定义,所谓真就是符合,以后所要谈的标准只是符合底标准而已。[2]

这里金岳霖把"符合"看作如同朴素实在论一样,是人的认知在本然层面不可剥离的方式,但如果站在海德格尔的真理观念立场上,这种符合仍然只是人们对于真假认识的一种"工具性"的"上手状态",符合之不同融洽、有效、一致,在于它是最初的源始的"上手状态"。

海德格尔的真假学说是一种存在论的真假论。在他看来,说 A 东西与 B 东西相符合,也就是说 A 东西和 B 东西有一种关系的形式。在这个意义上,符合首先是一种关系,而符合的话语在哲学史的发展中,从一开始,亚里士多德那里就看作是"知与物的肖似",而后到阿奎那以及康德,都把符合看作真的定义,并标识符合为"知与物的肖似"。也就是说,符合长期以来就被看作是知与物的一种关系,或者观念与实在、命题与事实之间的关系,而在认识的过程中,符合又必须和证明联系起来才能保证符合是真的认识。在

---

① 金岳霖:《知识论》,商务印书馆 1996 年版,第 907 页。
② 金岳霖:《知识论》,商务印书馆 1996 年版,第 909—910 页。

海德格尔看来证明既不是认识和对象的符合，也不是心理的和物理的符合，更不是意识内容之间的符合，他说：

> 证明涉及的只是存在者本身的被揭示的存在，只是那个“如何”被揭示的存在者。被揭示状态的证实在于：命题之所云，即存在者本身，作为同一个东西显示出来。证实意味着：存在者在自我同一性中显示。证实是依据存在者的显示进行的。这种情况之所以可能，只因为道出命题并自我证实着的认识活动就其存在论意义而言乃是有所揭示地向着实在的存在者本身的存在。一命题是真的，这意味着：它就存在者本身揭示存在者。它在存在者的被揭示状态中说出存在者、展示存在者、“让人看见”存在者。命题的“真在”（真理）必须被理解为揭示着的存在。所以，如果符合的意义是一个存在者（主体）对另一个存在者（客体）的肖似，那么，真理就根本没有认识和对象之间相符合那样一种结构。①

在海德格尔看来，证明或者证实是存在者被揭示、被显现出来，从而命题中存在者的存在状态显示出来。

海德格尔的真假学说所要做的也主要是解决符合说所带来的“鸿沟”问题。在一般人看来，说到符合，就肯定不可避免在两边而不是在一边。如果在一边，融洽和一致即可，无须符合，所谓鸿沟也就是说命题与实在中间横亘着一条主客、内外的鸿沟，海德格尔这种揭示的、显现的真假论为了避免鸿沟而把命题看作是对于实在的“揭示”“显现”，命题变成了实在的另外一种存在方式，实在通过命题的“揭示”而成为可知的，这样来处理是一种常用的方法。金岳霖在处理感觉内容和感觉对象的问题上也用了类似的方法，他所引入的所与概念的“两种位置”使内容和对象在正觉的条件下合一。实

① 海德格尔著，陈嘉映、王庆节译：《存在与时间》，生活·读书·新知三联书店 2006 年版，第 251 页。

际在这个问题上，对于消弭鸿沟，金岳霖和海德格尔也是有异曲同工之见，不同的是，金岳霖并不否定符合说本身。在金岳霖看来，从唯主方式出发或者坚持“内在关系学说”都容易造成真假学说中的鸿沟问题，但鸿沟问题并不是本来就有的，而是某些学说固有的毛病所造成的。对此，金岳霖说：

> 事实是以意念去接受了的所与，就所与说，它是在客的，在外的；就以意念去接受说，它是在我的，在内的。命题与事实本来就没有鸿沟。也许有人会说，命题与事实，与本书所谈的事实，虽没有鸿沟，然而命题与本然的实在有鸿沟，因为所与是相对于官能类的，它不就是本然的实在。也许他人之所谓“事实”相当于本书之所谓本然的实在；果然如此，则在一方面避免了的鸿沟在另一方面又出现了。我们认为情形不是如此的。所与虽是相对的，然而它底相对性是普遍的，本然的实在底特殊的形色状态虽不可觉，然而它底普遍情形的确可知。所觉只供给我们底像而已，意像与命题虽有密切的关系，然而它不就是命题。本然的实在既不可觉，它与意像确有鸿沟，我们的确没有法子谈意像与本然的实在二者符合与否。本然的实在只是不可觉而已，它是可知的。就它是可知的说，本然的实在和命题没有鸿沟，而二者之间有符合与否底问题。就命题说，无论所谈的对象是事实，或自然，或本然的实在，都没有渡不过的鸿沟。本书底理论根本不是产生鸿沟这一困难的学说。[①]

在金岳霖看来，本然的实在既然不可觉，当然与意像有鸿沟，因为意像是官觉范围内的意像，但是本然的实在虽不可觉却可知，在这个意义上，就与海德格尔有异曲同工之见了：“命题之所云，即存在者本身，作为同一个东西显示出来。”但是其不同之处在于，金岳霖仍是坚持符合论，命题之与本然的实在不是一个东西的两种存在（或表现）方式，对本然实在的描述的命题是“本然陈述”，“本然陈述”在金岳霖的另一部著作《论道》中体现得最为明

① 金岳霖：《知识论》，商务印书馆 1996 年版，第 914 页。

显，像“能有出入”这种表达就属于本然陈述。在金岳霖看来，你如果理解了本然陈述，理解了“能”的意味，你当然也明白它所陈述的本然实在，而对本然陈述的理解需要直觉或在“宽义的经验中”，在这个意义上也可以说：“本然的实在是以直觉或宽义的经验去接受了的实在。就实在说，它是在客的，在外的；就以直觉或宽义的经验去接受说，它是在我的，在内的。”[①]当然这个命题与本然的实在的符合不同于命题与事实的符合，它更不能用融洽、一致、有效为标准来衡量，融洽、有效、一致作为符合的标准，是在经验的范围内判断命题是否和事实符合的标准，它不能在直觉范围内也起作用。但换个角度看，这种本然陈述的命题与本然实在之间的关系倒像海德格尔所说的，命题是“有所揭示地向着实在的存在者本身的存在。一命题是真的，这意味着：它就存在者本身揭示存在者。它在存在者的被揭示状态中说出存在者、展示存在者、‘让人看见’存在者”。[②]

但相对于海德格尔存在论的真假学说，符合论仍是在认识论语境中的真假学说。在符合作为真之观念最初发生的这个意义上，只能建立更加细致的标准的符合论，却无法逃避符合论。以往的真假理论却错误地把融洽、有效、一致当作了“上手状态”，却没有看到其只能作为符合的标准，而符合才是一开始的“上手状态”。

二、融洽、有效、一致是符合的标准

金岳霖在确定符合为真假的定义之后，继而把融洽、有效、一致看作是符合的条件。就融洽看，第一，要“限制到我们所能直接感觉到的命题和它所断定的实在上”，这样就避免了融洽的形而上的毛病，不再以大写的真为目标了。第二，撇开价值判断的因素，根本在于价值判断所造成的感觉之融洽与否与事实上用来判断真假的感觉融洽与否不是一回事，因为价值判断虽不总是但会“有时”加入一些个人主观喜恶方面的作料。第三，融洽是可

---

① 参见金岳霖：《论道》，中国人民大学出版社，2006年版。

② 参见海德格尔著，陈嘉映译：《存在与时间》，生活·读书·新知三联书店，2006年版，第251页。

以感觉的，但融洽的感觉不是感觉的融洽，也即有融洽感不代表融洽，融洽作为符合的标准要求感觉的融洽，所谓感觉的融洽就是指“感觉”和“所感觉到的”要融洽，即感觉与事实要融洽，金岳霖这里举了一个“用水洗脚”的例子：

把脚摆进去时忽然大叫一声，也许水太冷，也许太热，无论如何，这大叫一声就表示感觉不融洽。洗脚的人在大叫以前虽然没有说甚么，然而他的确以为水不太冷或不太热，他发现他底思想或命题和事实不融洽。[①]

这种感觉的融洽是最基本的融洽。第四，感觉的融洽时常有靠不住的时候，这就要注意区分积极的融洽与消极的融洽，积极的融洽才是符合的标准。第五，积极的融洽相对于一时一地而且有粗精之分。金岳霖举了一个“拜神求医而病愈”的例子，虽然这在以前的人那里融洽，但今天在我们这里不融洽，我们今天的不融洽和之前的人的融洽是相悖的，从这个意义上说积极的融洽是相对于一时一地的；而从感觉的温度和温度计上的温度相比则立有粗精之别，而且随着历史的演进，现代人的融洽感要比古代人精细。就融洽说，金岳霖大致从以上这几个方面提出融洽作为符合的标准的要求，对于有效、一致作为标准来说，也有一些类似的要求，在此不进一步展开。

虽然确定融洽、有效、一致为标准，但依据这三个标准是否就能判定命题符合实在，仍然是一个问题，为此金岳霖引入符合感的概念，符合感是感觉到融洽、有效和一致。符合固然带来符合感，但有符合感只是以为符合，并非真的符合。在经验中就常常出现以前判为真的命题，因为后来新的事实或者新的命题出来而被否定，以此类推，现在的真命题有可能为以后所推翻。而且“如果有以前认为真而在该时认为假的，则该命题从来没有真过。……在现在所认为真的命题，将来不必认它为真，将来果不认为真的命

---

① 金岳霖：《知识论》，商务印书馆1996年版，第920页。

题,即令它现在被认为真,它也从来没有真过。”[①]以后来的看之前的,之前的符合感和符合就不合一了,虽然在当时以为符合的时候符合感和符合合一。随着时间变动,前与后的不一致首先表现在符合感上。符合感是对于真命题的判断,可以判断为真,也可以判断为假,前后符合感的不一致也就是判断的不一致,也就说明符合感有时间性,判断的不一致也就说明判断的标准有时间性。判断的标准虽然有时间性,但是它们又同时“超时空化”:

> 所谓超时空化,最简单的说法,就是后来居上。后来居上只是就以前说而已。设以 t_n 为某现在,t_n 时的感觉者以 t_n 底标准为任何以前时间 t_{n-m} 底标准,这当然不是说 t_n 底感觉者要求 t_{n-m} 底感觉者接受 t_n 底标准,这只是说,t_n 底标准底准确性不限制到 t_n 而且超越 t_n 以前的任何时间,t_{n-m} 后来居上不是对以后说的。设以 t_{n+L} 为将来,t_{n+L} 底感觉者也以 t_{n+L} 底标准为任何以前的时间,如 t_n 或 t_{n-m} 底标准,这也不是说,t_{n+L} 底感觉者要求 t_n 或 t_{n-m} 底感觉者接受 t_{n+L} 底标准,这也只是 t_{n+L} 底标准底准确性或引用范围,不限制到 t_{n+L},而超越 t_{n+L} 以前的任何时间,包括 t_n 和 t_{n-m} 在内。这就是所谓超时空化。[②]

我们可以看到,金岳霖这里讲的标准的超时空化,也就是“标准的后来居上”,也即标准的改进。标准改进了,我们就可以假设 t_{n-1} 的感觉者如果生在 t_n 时,他会放弃他在 t_{n-1} 时的标准,而接受 t_n 时标准。也即假若哥白尼“穿越”到当代社会,他一定会放弃日心说,接受新的天文理论,而这个说法说得通与否关键在于看知识是否总有进步。知识的进步分狭义与宽义,狭义是思议中真命题的数目增加,宽义是思议中认为是真的命题的数目增加。金岳霖认为真的命题固然不必真,但所发现真的命题总同时是我们以为真的,所以只承认宽义的知识的进步已经够了。然而从融洽或有效的命

① 金岳霖:《知识论》,商务印书馆 1996 年版,第 934 页。
② 金岳霖:《知识论》,商务印书馆 1996 年版,第 937—938 页。

题的数目增加，并不足以帮助它们超时空化，融洽有效仍只是横切的时间的融洽有效。融洽、有效要想超时空化、后来居上，就必须依赖于命题增加带来的一致感的周密性增加，一致感的周密性增加，一致感所感到的一致越逼近一致，而一致本来就是样型，就是超时空化的，越逼近一致越超时空化。

> 符合感之所以能超时空化，完全是因为其中的一致感超时空化。在符合感中的融洽是和一致感相连的融洽，它借一致感底超时空化而超时空化，在符合感中的有效也是和一致感相连的有效，它借一致感底超时空化而超时空化。有一致感底超时空化，融洽和有效都超时空化。[①]

从符合感的综合性上看，随着真命题增多，意念图案的范围扩大、组织加精，感觉者辨别客观实在的能力加大，从而使混沌的成为条理分明的，一致感增加，融洽和有效也不再局限于一命题中，它们都同时是意念图案与客观实在的融洽，或意念图案对客观实在的有效。意念图案愈组织化，愈理论化，符合感也愈综合化。符合感中的分析成分愈综合化，这些成分愈综合化，符合感也愈超时空化。所以，在任何横的时间上符合感就是符合。[②]

三、真命题、知识与真理

以上探讨梳理了金岳霖关于真假的定义和标准的理论，可以看到主要还是针对着命题而言，也即如何判断一个命题为真，而这个判断的标准是符合，符合的标准是融洽、有效、一致。命题的真虽可以“达”于知识的有，然而却不能因而说得到了真理。

在金岳霖看来，有知识就是能断定真命题，而真理是知识的极限，是无外的完整的意念的总结构，是真命题的总结构，但不是真命题：

---

① 金岳霖：《知识论》，商务印书馆 1996 年版，第 940 页。

② 金岳霖：《知识论》，商务印书馆 1996 年版，第 940—941 页。

> 真命题是一条一条的,或一丝一丝的,它是分开来说的,它不是真命题底总结构,它和真理不一样。真命题是可以得到的,有知识就是得到了真命题,同时当然也是得到了意念图案,可是有知识不是已经得到了真理。真理是概念或真命题底总结构。总结构底得到,要各方面的意念图案都要成结构,而且这无量数的结构联合起来成一总结构。这样的总结构总是得不到的。①

这里金岳霖明确地区分了真和真理是两个概念,真是真命题而不是真理。知识是真命题,有知识就是有真命题的发现。但知识的进步又不纯粹是真命题的数目的增加,还包括意念图案的形成、推翻、修改、凝固化、再形成。意念本身来自所与,就是小的图案,相关的意念联系在一起构成大的意念的图案,这图案里有意念、概念,也有思想和命题,他们都是得自所与,又能还治所与。金岳霖以"斗蟋蟀"为例区分了低限度的觉和高限度的懂,如果我们只能以"蟋蟀"去接受所与,这也仅仅是觉,如果我们能以意念图案接受它,知道它的形态、动作、大小、能斗与否、如何养、如何喂……这就说明我们"懂"斗蟋蟀,这种"懂"从思议说就是意念图案的形成。在金岳霖看来,意念图案的关联脉络就是意思和命题,而它们来自所与,所以意念图案里一定有真命题或认为真的命题。有命题,我们就有弄错命题的可能,因而意念图案的关联就有可能被修改和推翻。但通常地看,推翻小的意念图案较容易,而推翻一整套意念图案较难。就一个意念图案说,也有中心思想和非中心思想,推翻中心思想也就是推翻该意念图案,而推翻非中心思想则可以看作是该意念图案的修改。而意念总带点探讨性、试用性,在没有确定能持续引用下去的时候,比如说频繁取舍、新旧更替,而一旦确定下来能持续引用下去,此意念内部的各命题也愈精密和紧凑,它和别的意念之间的关联也愈精密和紧凑,这样这个意念就凝固成一个概念。求知的历程也就是修改意念、凝固成概念的过程,愈来愈多的概念联系在一起,就构成了一个学问的系

① 金岳霖:《知识论》,商务印书馆 1996 年版,第 951—952 页。

统。系统化也就是结构化，具有结构的意念图案一方面仍然和实在符合，另一方面则表现为思议的演绎。这个过程就是系统的知识的形成过程，知识的极限是真理，但是真理达不到，而知识仍然有进步，这个进步一方面是真命题的增加，另一方面是意念图案不断概念化和精密化，这也就是人对世界和自我的理解不断加深，人的正觉不断增加。

综而言之，我们看到金岳霖对于真假问题提出了一套自己的符合论，这个符合论借鉴了传统真假学说的优点而避免了其短板，但不可否认的是命题知识的基本态度也确立了其真假学说的基本立场，那就是这个真假必然是有着一定的评价机制的真假。所谓评价机制就不可没有时间性，所以也必然出现时间性的问题。针对这个问题，金岳霖利用超时空化的理论给予了解答，从横断的时间看，标准可以超时空化，后来居上，符合感就是符合。但面对未来，我们现在信以为真的真命题和知识实际上永远处于被否定的状态中，我们将永远处于一种或然而非必然的真之中，这恐怕是任何一个希望他所把握的真命题就是真与实在符合的人无论在感情还是理智上都不能接受的，因而实质上我们仍然没有在当下的经验中建立起一套必然的真的标准，而这难道不是追求真之所以真的初衷吗？

第八章　范式和问题意识

第一节　范式

无论是科学还是哲学，任何一项研究总根据于他研究之前学术共同体所形成的范式，这类范式也即该学术共同体所共同承认的学术用语、值得研究的命题，以及理所当然的立场。库恩在《科学革命的结构》中深刻阐释了这一概念，向我们展示了科学在不断的发展中范式的转变，不仅仅是方法论的变革，伴随着宇宙观的整体视域的演进，所关注的中心问题，以及对问题思考的方式，包括学术用语也都在变化。

哲学上范式的转变也早已为研究者所熟知，譬如笛卡尔的认识论转向、康德的哥白尼革命都是这类范式的转变，每一次范式的转换都标志着哲学上新的思维方式的变化以及新的哲学问题的产生。黑格尔说过："哲学是哲学史的总结，哲学史是哲学的展开。"从哲学史上最容易看到哲学范式的转变，有的哲学史是以年代为划分，有的哲学史则是根据于逻辑的发展，但大致在同一段时间和空间内的哲学家的思想都遵循着共同规范，这其中包括对于共同问题的关注、相同术语的使用以及争论。以中国哲学史的发展而言，可以分为先秦子学、两汉经学、魏晋玄学、隋唐佛学、宋明理学及近代哲学，虽然以年代标识，然其各个年代也都横跨至少几百年，这几百年内之学问有其稳定的范式，有着共同关心争论的中心问题，先秦哲学围绕着"天人""名实"之辨，魏晋是"有无"之辨，隋唐是"心物"之辨，宋明是"理气(道器)""心物(知行)"之辨，到了近代则是"古今中西"之争，具体展现为进化论、唯物史观、心物之辨、逻辑和方法论以及人的自由和理想的问题。[①] 随着时代性的变迁，有些问题从边缘滑进中心，也有些问题从中心滑向边缘，通过中国哲学史上这些中心问题的变化我们可以看到这一点，西方哲学也是如此。

金岳霖既然研究的是知识论，当然也难逃知识论的范式，就这一方面讲我们认为他的确受到西方哲学，尤其是 20 世纪初期分析哲学的影响，其中对他产生影响最大的一些哲学家有罗素、维特根斯坦、袁梦西（F. P. Ramsey，又译拉姆塞）等，对他影响最大的哲学思潮是新实在论、维也纳学派、操作主义、相对论等，而一个专业哲学家的视野也往往是超越于时代的，譬如其对休谟的阅读。

罗素对金岳霖的影响是巨大而且深远的。1922 年金岳霖读到罗素的《数学原理》，使他认识到“哲理之为哲理不一定要靠大题目，就是日常生活中所常用的概念也可以有很精深的分析，而此精深的分析也就是哲学”。罗素的影响基本奠定了金岳霖分析哲学的哲学观，从常识出发研究一般概念成为他一生哲学研究的特点，而罗素本人的思想也成为金岳霖在哲学上经常批判的对象。维特根斯坦、袁梦西则对他在逻辑上的认识产生了重要影响，金岳霖把哲学分析视为语言游戏的观点就来自维特根斯坦。金岳霖关注因果和归纳问题则有时代的影响和逻辑学中归纳问题的影响，他说：

> 在辛亥之后的几年中，因为大多数的人注重科学，所以有一部分的人特别喜欢谈归纳，我免不了受了这注重归纳底影响。后来教逻辑，讲到归纳那一部分，总觉得归纳法不是一个像样的东西，虽然在情感上我不愿意怀疑到归纳本身。[②]

不仅如此，休谟的《人性论》则直接加深了金岳霖对于因果问题、归纳问题的关注：

---

① 关于中国哲学史不同时期的中心问题，本文采用冯契的说法，详见冯契：《中国古代哲学的逻辑发展》和《中国近代哲学的革命进程》。

② 金岳霖：《论道》，中国人民大学出版社 2006 年版，第 1—2 页。

> 休谟底 *Treatise* 给我以洋洋乎大观的味道，尤其是他讨论因果的那几章。……休谟底因果论有一时期使我非常为难。上面已经说过我受了时代底影响，注重归纳，注重科学。休谟底议论使我感觉到归纳说不通，因果靠不住，而科学在理论上的根基动摇。[①]

日后，他的因果理论也是建构在对休谟因果理论批判的基础上。此外，新实在论的哲学思潮也对金岳霖产生了重要影响，直接促成其“所与理论”的产生，也可以说其“所与理论”脱胎于新实在论的意识理论，但又不同于新实在论的意识理论，金岳霖没有把感觉内容当作实体，而是提出“所与是客观的呈现”。他提出所与有两方面的位置，感觉内容与感觉对象合一于所与，感觉内容并不是实体外物，“就所与是内容说，它是随着官能活动而来，随官能活动而去的，就所与是外物说，它是独立于官能活动而存在的”。[②] 因此，所与能穷尽并兼有内容的内涵，但内容不能穷尽所与的内涵，内容虽然与对象化的外物在正觉的所与上合一，但是内容并没有所与作为外物一方面时的独立性。外物在这里也有两个立场，“一个立场是独立存在的外物底立场，一个是正觉关系集合中的关系者底立场”[③]，但这两个立场上的外物是同一个个体，与内容合一的外物是正觉关系集合中的关系者的立场的外物，这个外物是对象化的外物，它当然也不能穷尽所与的内涵，它不能抛弃独立于官能活动的实在性而等同于内容，而所与可以穷尽它的内涵，在所与上既具有独立于官能活动的实在性，又同时是感觉的内容。

对于逻辑实证主义金岳霖主要是批判为主，一方面批判其唯主的出发方式，另一方面批判其把感觉局限在私人的感觉经验之内而没有类观的概念。然而20世纪初期不仅是哲学变革的时代，更是科学突飞猛进的时代，金岳霖的思想不仅仅受到哲学观念转变的影响，而且也受到当时流行的科学观念的影响。譬如他关注过“操作主义”，“操作主义”在《知识论》中就是

① 金岳霖：《论道》，中国人民大学出版社2006年版，第3—4页。
② 金岳霖：《知识论》，商务印书馆1996年版，第130—131页。
③ 金岳霖：《知识论》，商务印书馆1996年版，第135页。

"手术论",他认为科学上的"手术论"有其值得肯定的地方,但是科学上的"手术论"不能成为普遍的方法论,也就是说"手术论"在哲学领域不能成立,普遍的"手术论"不可能。而他的时空观则接受"闵可夫斯基空间"的观念,认为时空可以看作一个四维的空间:"这也许就是现在流行思想中的四积量世界底时一空。也许不是,无论如何照本文底说法,每一个体均有积量,那就是说,它有时间上的长短与空间上的宽窄、厚薄、长短。"[1]

除此之外,为大多数研究者所共识的是金岳霖也受到中国传统哲学范式的影响,最为明显地表现在《论道》一书以"旧瓶装新酒"的方式使用"道、式、能、理、势、体、用、几、数、无极、太极"等这些中国传统哲学范式为架构构造了其元学。在金岳霖看来元学和知识论的差别在于知识论中他可以忘记他是人,但在元学中他不能忘记他是人,知识论的裁判是理智,元学的裁判是整个的人,他不仅要求理智的了解,而且要求情感的满足。所以,尽管他谈的"实"不是传统中国哲学所思考的问题,但是他仍然要用中国传统哲学范式的"名",因为这些"名"寄托着他个人的情感。而实际不仅如此,对于某些中国传统哲学范式,他在吸收并拓展其语词内涵的同时,又融合现代西方的自然观、宇宙观的逻辑构造,譬如关于"无极而太极"这个命题的思想就展现出了这种特点。"无极而太极"语出周敦颐《太极图说》:

无极而太极。太极动而生阳,动极而静,静而生阴,静极复动。一动一静,互为其根;分阴分阳,两仪立焉。阳变阴合而生水火木金土,五气顺布,四时行焉。五行一阴阳也,阴阳一太极也,太极本无极也。

在周敦颐那里,无极而太极是无极生太极,太极生万物,这是一种宇宙生成论思想。在金岳霖这里,无极是道演的源头,万物之所由从生,他说:"道无始,无始底极为无极……无极为无,就其为无而言之,无极为混沌,万

① 金岳霖:《论道》,中国人民大学出版社 2006 年版,第 91 页。

物之所从生。”[①]但他这里“无极”的概念较之中国传统哲学中的无极具有更为丰富的内涵，他的“无极”包括“无”和“极”两个方面，万物之所从生是就无极为无而言，“就其为极而言之，无极非能而近乎能”。[②] 相同的，太极在他这里也有“至”和“极”两种内涵，“就其为至而言之，太极至真，至善，至美，至如……就其为极而言之，太极非式而近乎式。”[③]但是“无极而太极”这个命题在金岳霖这里是一种“居势由能”的变动的方向，却不是由“无”到“至”、由无极到太极，他说：

> 本条不说由无极到太极。因为“由——到”很容易给我们一种由甚么地方到甚么地方，由甚么时候到甚么时候的味道。果然如此，也许我们会忘记无极与太极都是极，也许会因此就想到道由无极起始到太极为终。道无始终，现实不从无极始到太极终。虽然如此，现实仍有方向，它底方向是由近乎无极那样的现实到近乎太极那样的现实。既然如此，我们利用已有的成语表示这方向。无极而太极底原来意思，本条不讨论，在本条无极而太极表示方向。[④]

可以看出“无极而太极”在金岳霖这里完全没有宋明道学中的那种宇宙生成论的意味，它更多的是表达一种进化的思想，但是这种进化又不同于在现实历程中的物种进化，他说：

> 无极而太极可以说是天演，也可以说是造化。好些可能只在现实底历程中现实，例如自然史所发现的许多野兽，在太极这些可能不会再现实。从这一方面，现实底历程像天演，但现实底历程范围比天演大得

---

① 金岳霖：《论道》，中国人民大学出版社 2006 年版，第 164—165 页。
② 金岳霖：《论道》，中国人民大学出版社 2006 年版，第 166 页。
③ 金岳霖：《论道》，中国人民大学出版社 2006 年版，第 182—183 页。
④ 金岳霖：《论道》，中国人民大学出版社 2006 年版，第 185—186 页。

多，而无极而太极比现实历程底范围更大。[①]

从这段话中可以看到金岳霖的确受到天演论思想的影响，天演论也就是进化论，进化论在金岳霖那个时期的中国的确是一股重要的思潮，但在金岳霖的语境中，进化论是在“现实底历程”的进化，而他所说的无极而太极则比“现实底历程”大得多。也就是说，金岳霖的“无极而太极”的思想不仅借鉴了宋明道学的思想，也借鉴了进化论的思想，但他又不是宇宙生成论思想和进化论的思想，在金岳霖这里很多概念都“旧瓶装新酒”地使用，所以金岳霖哲学思想的复杂性也彰显了那个时代“古今中西”融汇的特点。

第二节　问题意识

追问金岳霖《知识论》的问题意识，也就是追问《知识论》所要最终解决的问题。关于这一点，有的研究者认为《知识论》没有明确的问题意识，譬如陈嘉明说：

> 他的《知识论》一书以“理解知识”为宗旨，详细地论究了知识论的各个问题域，如知识的质料、认识的诸种方式、认识的关系与性质、因果范畴等熟悉的知识论内容，直至自然、真理和语言等本属形而上学或语言哲学的东西，金岳霖总是尽量地挖掘、使用中国哲学的语词，如“能”、“所”、“理”、“式”等等，来使知识论的概念与语言中国化。不过我觉得该书的一个最大的缺憾，是它并没有一种明确的问题意识，因此未能像康德的《纯粹理性批判》明确要解决的是“先天综合判断如何可能”的问题，狄尔泰的解释学要解决的是“人文科学如何可能”的问题，伽达默尔的《真理与方法》要解决的是“理解如何可能”的问题，从某个根本性的

① 金岳霖：《论道》，中国人民大学出版社 2006 年版，第 186 页。

问题入手来进行思考，并围绕着这一问题产生一整套系统的知识论。[①]

这种看法是有失偏颇的，正如我们上面所谈到的范式，既然围绕着共同的范式展开研究，那么也必然有着与其他研究知识论的哲学家一些共同的问题意识。金岳霖的问题意识中展现了研究知识论者所共同的问题意识，譬如“知识论的出发方式”，这就是追问知识论从什么地方论起，这是不少研究知识论的哲学家都不能回避、都要追问的。从不同的地方出发可能造成整个哲学的方向完全不同，例如“唯主方式”就是从一时一地的官觉出发，由这个出发点，接下来对面临着建立或推论外物的问题，这是金岳霖所反对的，他分析这种出发方式的内在原因在于“无可怀疑原则”和“自我中心观”作怪，他批评这种出发方式无法得到非唯主的共同，也无法得到外物，他坚持从朴素实在论的立场出发，坚持有正觉、有外物，并从所与出发，这就是对从什么地方出发这个问题的思考和回答。

此外，感觉问题历来也是一个麻烦的问题中心，尤其是感觉内容和感觉对象、感觉与外物的问题，围绕着对这些问题的研究真是可以写一部哲学史了，金岳霖当然也关注并给出他自己的回答。首先，他确定了“正觉中心说”，区分正觉和幻觉、错觉、野觉等其他感觉；其次，他规定所与是正觉的呈现，是客观的呈现，感觉内容和感觉对象在所与上合一，这就是对于这个问题的回答。

在真理的探究方面，针对四种旧的真理理论，他提出新的符合论，规定符合是真理的定义，吸收融洽、有效、一致为真理的标准，肯定真就是命题和实在的符合，这也可以看出与他命题知识的态度一脉相承。

关于知识有或者没有，以及知识为何种知识，这也是一个问题。对这个问题金岳霖的态度是明确的，那就是“有知识”，而且在知识论中所讨论的知识是命题知识，但他并没有对这个问题展开进一步深究和辩驳。

因此，有的问题意识是作为一个中心问题来讨论给予辩驳和回应的，既

① 陈嘉明：《知识论研究的问题与实质》，《文史哲》2004 年第 2 期。

需要回答哲学史上的不同意见，也要给出自己的回答如何成立的理由，而有的问题意识则是作为一种“前见”被自觉地融入哲学家的立场之中，不是作为一个中心问题来讨论，但并不代表就没有这方面的问题意识。譬如在选择坚持朴素实在论的立场上就是如此，尽管金岳霖也坦言朴素实在论有很多问题，但他还是要从这个立场来出发，这就是一个哲学家的“固执”。这种“固执”里面包含着对于某些范式认同的信念，也包含着他认为所要解决的哲学问题的便利，因为一个哲学家总是采取他自己认为最便宜的方式来构建他的哲学大厦的基础，从朴素的实在论出发就是这样。从这个立场出发，“有官觉”和“有外物”就可以直接肯定并安排到其出发点之中，这当然对于他解决整个知识论问题有好处，在金岳霖看来这叫“有效的出发方式”。所以，某些以立场形式出现的知识命题本身也并不是没有问题意识，而是说该问题意识已经内嵌在他的立场之中，他的立场就是他的回答。这样来看，我们认为金岳霖的《知识论》当然是有问题意识的，他虽然没有康德、狄尔泰、伽达默尔那种围绕着某一问题而展开形成一个知识系统，但是他有围绕着知识所产生的各种问题的意识，这些也都是研究知识论的学术共同体所共同要面对的问题意识。但是如果非要问金岳霖的知识论有没有一条横贯前后的主线，实质上也可以找出一条主线，那就是“正觉”，金岳霖的知识论可以说是一部“正觉”贯穿始终的知识论，他说：

> 这一整本书可以说是正觉底分析，不过开头注重正，现在注重觉而已。说知识有进步，简单地说，就是不同的正觉有增加；说真理得不到，也就是说，知识老有进步，不同的正觉老有增加。本书可以说是始于正觉，终于正觉。假如我们对于其他的觉有兴趣，我们可以回到其他的觉上去。果然如此，我们实在是在知识底立场上去论起他的觉。在那种场合下“官觉达它”也许是非常之有用的意念。[①]

---

① 金岳霖：《知识论》，商务印书馆 1996 年版，第 952—953 页。

这段话可以看作金岳霖对《知识论》的一个简要总结，开头注重正，就是要在各种出发方式中确立朴素实在论的出发方式，确定所与为知识的材料，正觉为知识的活动范围，在这一方面主要是和非正觉、非客观的呈现这些理论展开辩驳。而在处理了“正”的问题之后就是处理觉，所谓处理觉，也即如何化所与为概念、为命题、为知识，关于这一点他在《知识论》第三章结束有一个小结：

> 任何知识，就材料说，直接或间接地根据于所与，就活动说，直接地或间接地根据于正觉。日常的知识如此，科学的知识也是如此，从以后的讨论着想，只要有本章底前三节所供给的正觉和所与已经够了。以后的问题是如何收容所与，如何应付所与。从知识着想，主要的应付工具是抽象和抽象的意念。主要的思想是所谓知识就是以抽自所与的意念还治所与。以下从第四章起直到第八章一方面论所与，另一方面论意念与思想。以后要讨论许多接受大纲。十四、十五、十六三章论事实语言和命题，事实是接受了之后的所与，语言表示命题，而命题又是表示事实的方式。最后论真假。本书认为真假问题就是知识问题，一知识者所有的知识就是他所能肯定的所有的真命题。①

从这样一种安排可以看出他整个知识论清晰的脉络：论知识总是首先是问从何处出发以及在什么范围内讨论，在确定从朴素的实在论出发、在正觉的范围内、在所与的基础上之后，那就要追问如何从材料转化为知识，这个问题也就是如何收容所与，应付所与的问题。对于这个问题的回答，金岳霖认为应当“抽自所与的意念还治所与”，提出概念对所与的“摹状与规律”的双重作用，概念既是对所与的抽象，又反过来对所与有规范作用。之后的接受总则、真理问题也都与正觉、所与密不可分。所以，我们可以把金岳霖的知识论看作一部确立正觉、讨论正觉的知识论，这也正是他所谓的“始于

① 金岳霖：《知识论》，商务印书馆1996年版，第185页。

正觉、终于正觉”。因而，我们认为金岳霖的《知识论》的问题意识是明白的，那就是他有一种很强烈的自觉性，在正觉的范围内处理从所与到知识的进展过程中所面临的诸多问题。的确，就知识论所涉及的许多问题而言，离不开正觉，很多问题都涉及肯定正觉还是否定正觉或者悬置正觉，从正觉还是不从正觉的立场出发，在正觉还是不在正觉的范围内讨论，而一旦确定正觉的存在、立场以及范围，那么不少争论的确可以解决。例如，感觉内容和感觉对象的问题，在正觉范围内，感觉对象的确就是感觉内容，我们当然能够直接把握外物，认识者的类型化的把握(所得，the taken)[①]和外物的给予(所与，the given)共同构成了客观的呈现。当然其中有些也的确是范式之争，例如出发方式的问题：从朴素实在论出发，还是从其他立场出发；从经验还是从理性出发，或是调和经验与理性；从觉出发还是从正觉出发。这涉及不同哲学家根深蒂固的思维范式，在哲学史上也是一种普遍的现象。正如我们上面所谈到的，选择不同的范式作为出发点，本身有着哲学家自身的立场以及他看待问题的方式，又或者他那个学术共同体和他那个时代看待某一类问题的方式，这个方式从哲学史上长时段来看，就是一种范式，我们可以批判研究，但的确没有必要否定，就像爱因斯坦提出相对论并没有必要否定牛顿物理学的意义。有时问题没有变化，处理的方法变了，问题可能被拓展深度和广度；有时方法变了，可能跟着问题也变了，而有些问题可能直接就取消了，譬如现在我们大概不会思考金木水火土作为宇宙构成元素之间的逻辑关系了。因而，对于有些问题不回答，一方面是我们提到的在立场的安排上已经回答了，另一方面可能是该问题已经不是个问题，譬如有没有知识的问题，在金岳霖看来的确已经不是一个问题了，他也不必讨论：

> 本书不讨论这一问题。这问题不在本书所谓知识论范围之内。这一问题底讨论，也许是先于知识论的玄学或元学，假如答案是知识不可能，则根本无须本书所论的知识论。它也许是后于某某看法的知识论

---

① 杨国荣：《存在之维》，人民出版社2005年版，第109页。

底结论,如此则所谓某某看法的知识论都不是本书的看法。本书所谓知识论是以知识底理为对象底学问。我们承认对象之有及知识之在。知识既在,当然是可能的;知识底理既有,当然是无矛盾的。知识的可能与否,本书当然不必讨论。[①]

从哲学史上来看,以朴素的实在论为出发点的哲学家不少,但是明确在正觉范围内讨论知识,提出所与是客观的呈现,以所与为知识的材料的哲学家没有,在这一点上金岳霖可以说是开了一个先例,这也可以看作他的知识论之不同于其他知识论的独特之处。但是就知识论的论域而言,金岳霖也并未开出一个新的方向,在这个意义上说没有他的知识论,也没有中国的知识论,因为中国哲学在知识论上也没有贡献出一个新的方向,而只是知识论在中国。[②] 但也不可否认,在金岳霖的《知识论》中存在着中国哲学的思维方式,这也是我们上面所谈到的中国哲学的范式。一个国家、一个民族的哲学范式,必然有着这个国家和民族的思维特点,譬如能、所和所与理论联系起来了,理势和因果理论联系起来了,这是金岳霖在"古今中西"的背景下尝试改造中国传统哲学范式来解决西方哲学问题的努力。所以,因果理论在休谟那里是要从现象追问是否存在一个普遍的因果关系,在金岳霖这里就成了"理有固然、势无必至",普遍的因果关系和特殊的因果联系之间协调平衡的问题。在"势何以至"的问题上,金岳霖认为就是"能"何以即出即入的问题,"能"的即出即入就是"能"的纯活动,而对于"能"的纯活动则需要直觉(或者宽义的经验)来把握:

如果一个人了解《论道》一书所说的种种,如果他抓住了"能",他会

---

① 金岳霖:《知识论》,商务印书馆 1996 年版,第 3 页。

② 冯友兰:"现代化和民族化融合为一,论道的体系确切是'中国哲学',并不是'哲学在中国'。元学(本体论、形而上学)是哲学的中心,它跟哲学的其他部门不同。金岳霖指出元学与知识论不同,我们不能说'中国知识论',只能说'知识论在中国'。"(见冯友兰著:《中国现代哲学史》广州人民出版社 1999 年版,第 198 页。)

感觉到这一句话连什么话都说了。我现在坐在这间房子里，这样的坐法，……连同许许多多的这这那那的形形色色，我可以用一言以蔽之："这都是'能'的纯活动。"言简而意无穷。它实在是超名理之所不能尽而总其大成。[①]

这种"直觉"其实也是一种中国哲学的思维范式，朱熹就有过这种豁然贯通的说法："至于用力之久，而一旦豁然贯通焉，则众物之表里精粗无不到，而吾心之全体大用无不明矣。"[②]佛家也讲求顿悟，一旦顿悟，瞬间明心见性。金岳霖这里讲以直觉把握"能"的纯活动，也是这种思维范式，一旦抓住了"能"，所有"势何以至"的问题也就解决了。因此，知识论虽然所论的不是中国哲学传统的议题，但是金岳霖自小受到中国学问及思维方式的熏陶，很自然地改造中国哲学范式或者运用中国传统哲学的方法论来处理知识论所涉及的问题，而这也是金岳霖这本《知识论》的特色和创新之处。

研究一个人的著作必然把著作看作是他整体思想的一部分，而这一部分也要与其他部分能相互融合而不冲突。欲理解金岳霖的《知识论》的一些概念的特殊用法，就要和他整个思想联系起来。《知识论》和《论道》作为金岳霖的两本代表性的著作，两者之间也有着千丝万缕的联系，尤其是在一些概念的处理上，譬如"共相""个体""共相的关联""理"等，这些概念在《知识论》和《论道》中都是同一个意思，在本体论著作《论道》中处理了这些概念之间的关系，在《知识论》中就是已经承认的事实了，如关于"因果问题"在两本著作中运用的就是同一套概念，同一种处理的方式。因此，金岳霖的本体论思想和他的知识论思想不能割裂。实质上，本体论和知识论都可以看作是一种"认识论"，不同之处在于前者是人对于宇宙的认识，后者是在知识的论域中展开的认识。但二者不可避免地会遇到些共同的问题，譬如"因果问

---

① 金岳霖：《金岳霖学术论文选》，中国社会科学出版社1990年版，第350页。

② 见朱熹《大学章句》。

题”,既是本体论所讨论的问题,又是知识论所讨论的问题;又譬如在知识论中他认为研究的对象是知识的理,知识内涵着理,但知识不等于理,知识之有是人对理的认知,理本身则超越于人类的有限性,这与他反对人类中心观、自我中心观的思想以及客观主义知识的态度一脉相承,在这一问题上,他的知识论的态度和他的本体论的态度也是一致的。

第三节 反思

一、设计还是发现

在知识论的研究中,哲学家常常习惯于自我设计(发明)出来一些理论模型以求更为便宜、形象化地讨论某些抽象的哲学问题,这对于研究哲学的人来说是一种常用的方法,譬如:“缸中之脑”(普特南)、“邪恶的精灵”(笛卡尔)、“庄周梦蝶”(庄子),有时候这种虚构出来的问题情境本身成为一种经典的理论模型,当然这种理论模型源于人们的思维,或者说是思维中比较纠结不清、混沌的地方。譬如“缸中之脑”,这当然是虚构出来的,但它是根据于合理的可能性虚构出来的,它反映的是如果陷入一致的幻觉中,我们很难分辨出来,“邪恶精灵说”和“庄周梦蝶”也同样是这个意思。对于一个正常人来说“一致的幻觉”是不存在(除非得了精神病出现永久的一致的幻觉),然而对于哲学家来说的确是“绕不过去”的,这种“绕不过去”主要是在逻辑的可能上“绕不过去”。哲学家的工作除了在日常的经验领域,另外就是在逻辑上可能的领域,尤其是在认识论上,可能的领域较之于日常的领域更多地吸引思辨的目光。譬如关于一致的幻觉的问题,金岳霖虽然以正觉为标准,但如果幻觉一致地持续下去,在他看来也是不可解的。不过就金岳霖《知识论》的整个态度来说,他对于其他觉的研究没有兴趣,也不致力于解决这类问题,他的兴趣只是在正觉的范围内,他不关心可能的领域,而专注于日常的领域。在他看来,知识总是根据于所与的,来源于所与的,而所与是正觉的呈现,所以他的知识的范围是在正觉范围内,从而在理论化的知识的态度上，他认为理论可以发现而不能发明或创作。[①] 但实际情况是，很多知识论的问题涉及其他的觉，甚至有些理论模型的设计可以超越自然律（譬如“邪恶精灵说”，如果真有这样一个万能的“邪恶精灵”，它一定不遵守我们所认为的自然律），通过合逻辑性的想象建构出来，所以金岳霖的这种正觉的知识论就知识论整个的论域而言，其研究的范围较狭窄是不言而喻，不过这也恰恰是金岳霖的《知识论》的特点。

然而，尽管金岳霖的《知识论》是正觉的知识论，他要求发现而反对发明，在面临一些棘手的问题时，某种意义上，他也是在做一种设计发明。譬如“理有固然、势无必至”这种因果协调说，其中“理有固然”实质上就是一种设计（发明），这种固然之理不根据于所与，当然也不能从所与中获得材料来证实。不过在他看来虽然不能证实，但理有固然仍然是自然律的一部分。就这一点上来看，实质上任何哲学家也都不可避免地在理论中有一些先验的理的安排，无论是以立场的形式，还是以直接归于自然律的方式，相比于万能的“邪恶精灵”建立在合逻辑性的想象基础上好像显得更为实在一点，但实质上就其理论的根据而言都是一种设计（发明）而不是发现。不过金岳霖有他自己对于先验的理解：

> 先验性概念并不具有任何使经验借助于它而成为可能的超验形式，它所具有的乃是对任何经验都有效的形式。它的来源并不涉及一个超验的心灵，并且，我们对它的意识也不先于任何经验。[②]

从这段话中，我们可以看出他的这种先验的理之安排和“万能的邪恶精灵”那种先验的确不一样，但无论是先于经验而设想的还是根据于经验而设想的，这并不能改变其“预设”的本质特征，其本质上都是一种设计而不是一种发现。当然在金岳霖看来，没有客观根据的而只求顺于个体的意志以便

---

① 金岳霖：《知识论》，商务印书馆 1996 年版，第 110 页。

② 金岳霖：《道、自然与人》，生活·读书·新知三联书店 2005 年版，第 47 页。

去解释通经验的问题，这种理论是创作、是发明，是没有硬性的，而知识论要求有理论的硬性。但如果跳出正觉的知识论，“缸中之脑”这个理论模型的硬性就不依赖于客观的所与了，它的硬性就在于提出“一致的幻觉”的问题，这个问题具有逻辑的可能性，这就是它的硬性，这个问题的提出也的确丰富和深化了认知，因而我们认为不仅知识论而且哲学的硬性并不在于它是否有现实的根据，而是在于它是否符合逻辑可能性而提出了一个有建设性的问题。

二、知识论与科学认识论

比较知识论与科学认识论，实质上也就是比较哲学认识论和科学认识论，这当然也是对哲学认识论的一种反思。在被科学的世界观所统治的世界中，哲学的认识论到底还有多少意义，还能在哪些有意义的领域合理地谈论问题，还能给我们带来多少知识，哲学与科学的关系该如何处理，这都是我们要反思的问题。众所周知，在西方历史上有一段神学统治的时代，哲学成了神学的婢女，而今类似地展现出“哲学是科学的婢女”。站在科学的观念世界之中，哲学给我们提供的东西的确是越来越少了，许多专门的学问陆续从哲学中分家，哲学变成专门谈理的学问，尤其认识论，从笛卡尔、康德到维特根斯坦，完成从广义认识论到分析哲学、从追求实在到语言分析的转向，从而也变得越来越“不科学”。

就认识目的而言，金岳霖坦言知识论不是科学，科学求真，知识论求通。他说：

> 知识论既以知识底理为对象，它所要得的结果是真之所以为真。但是真之所以为真既是结果就不能成为它本身底标准，可是，它本身也不能有别的标准。我们先才从后一方面着想。假如甲知识论是否能成立底标准是真假，可是，所谓真假不是甲知识论本身所供给的，那么这所谓真假一定是乙知识论所供给的，果然如此，则甲知识论否认它自己本身，而承认乙知识论，这当然不行。照此看来，甲知识论是否能成立

> 的真假标准应该是甲知识论本身所供给的。果然如此，有两点须注意。从消极方面说，以一知识论本身，所产生的真假底所谓，或真假底意义，作为它本身能否成立底标准；而又把这标准视为真假标准的确是不“客观”的。从积极这一方面说，如果我们不把这标准视为真假标准（实在也不是真假标准），而把它视为一知识论本身各部分是否一致底标准，那么，一知识论能成立与否就看它是否一致。这就是说，它底目标不是真而是通。一思想系统底一致与否就看它底各部分是否遵守它本身底标准，如果各部分都遵守该系统本身底标准，我们说该系统一致，也可以说该系统通。照上面的讨论，我们说知识论底目标是通；它不是科学类中的学问，而是哲学类中的学问。[①]

在金岳霖看来，所谓有觉就是“以得自所与的意念还治所与”，而知识的进步在于正觉的增加，正觉的增加也就是人有更多的能力“以得自所与的意念还治所与”，而“觉”当然有高低之分，他说：

> 见虎即跑也许是很基本的觉，同时也是程度很低的觉，见汉画而认识其为汉画也许不是很基本的觉，然也是程度很高的觉。基本与否大都是生理本能成分底多少问题，而程度底高低是经验与推论成分底多少问题。[②]

而且在他看来，即便科学也根据于所与、从正觉出发，但实际上直接地根据于所与、从正觉出发并且“得自所与而还治所与”的作为一种初等认识的科学早已经完成，现代多数前沿的科学研究对于认识的推进既不是得自所与而且也不还治所与，它们不仅离所与而且离正觉很远，它们甚至完全在虚拟合逻辑的情境中展开，而在这些研究的范围内，无论是正觉的知识论所

① 金岳霖：《知识论》，商务印书馆1996年版，第13页。
② 金岳霖：《知识论》，商务印书馆1996年版，第186页。

谈知识的理还是方法论都是远远不能满足其需求的。比如当我们认为日心说或者地心说能够使经验说通的时候，是应该相信这种理论，还是相信现代的那种离经验很远的宇宙天文学说呢？对日常经验而言，相信光的波粒二象性要比相信光是粒子而言有难度，因为粒子相对形象，能很好地解释光的照射理论，而要理解光是一种波，从水波拔高到一种能量波，似乎建构理解力有难度，站在朴素实在论的立场上，我们无法以所与去“套”能量波，更无法由所与获得印象经过联想改造成意像，只能通过水波去形象地想象光的衍射，也就是说关于光的波动性的知识的形成就无法循着从所与到意像再到意念并进一步形成意念的图案这样一个知识的过程。不过对于一般人而言，日常经验大概不会产生非要把光理解为波才可以过得去的经验，在这个意义上，把光理解为仅仅具有粒子性就可以圆融了。

也就是说，如果仅仅满足正觉范围内围绕着所与为核心构成的知识，那么很多初级简单的理论都可以轻松达到圆融，而这对于基于日常经验建构理论模型的哲学认识论而言，也正是目前所面临的尴尬。我们截取的经验往往是一些简单经验，要和这些经验圆融，可能几个具有逻辑关系的命题所构建的一个小型体系的理论就可以做到。但是科学发展到今天，让我们对这种建构以及仅围绕着这些建构而展开的反思一点都不乐观，相反，是应该感到悲观。

因此，在我们看来，不能满足于基础的通或者圆融，无论是以现象还是以事物本身为对象，人的所知相比于全部事实之域都只是冰山一角，建构更为合理的认知模型是必由之路。这在知识论方面，就要求我们不能完全局限于正觉的立场，不仅在正觉的范围内寻找概念图案的联系，更应该走出正觉的立场。这也可以看作是我们从哲学认识论与科学认识论的关系的比较这个角度对于金岳霖知识论的正觉立场的一种反思。

参 考 文 献

[1] 金岳霖:《知识论》,商务印书馆 1996 年版。
[2] 金岳霖:《论道》,中国人民大学出版社 2006 年版。
[3] 金岳霖:《道、自然与人》,刘培育编,生活·读书·新知三联出版社 2005 年版。
[4] 金岳霖:《金岳霖文集》,甘肃人民出版社 1995 年版。
[5] 金岳霖:《金岳霖学术文选》,中国社会科学出版社 1990 年版。
[6] 刘培育编:《金岳霖思想研究》,中国社会科学出版社 2004 年版。
[7] 胡军:《道与真》,人民出版社 2002 年版。
[8] 胡伟希:《金岳霖与中国实证主义认识论》,上海人民出版社 1988 年版。
[9] 陈晓龙:《知识与智慧——金岳霖哲学研究》,高等教育出版社 1997 年版。
[10] 杨国荣:《从严复到金岳霖——实证论与中国哲学》,高等教育出版社 1996 年版。
[11] 杨国荣:《存在之维》,人民出版社 2005 年版。
[12] 郁振华:《人类知识的默会维度》,北京大学出版社 2012 年版。
[13] 冯契:《中国古代哲学的逻辑发展》,华东师范大学出版社 1996 年版。
[14] 冯契:《中国近代哲学的革命进程》,华东师范大学出版社 1996 年版。
[15] 冯契:《逻辑思维的辩证法》,华东师范大学出版社 1996 年版。
[16] 高瑞泉:《中国现代精神传统》,上海古籍出版社 2005 年版。
[17] 高瑞泉:《智慧之境》,上海古籍出版社 2008 年版。
[18] 洪汉鼎、陈治国编:《知识论读本》,中国人民大学出版社 2010 年版。
[19] 王华平:《心灵与世界》,中国社会科学出版社 2009 年版。
[20] 陈波、韩林合编:《逻辑与语言》,东方出版社 2005 年版。
[21] 徐向东:《怀疑论、知识与辩护》,北京大学出版社 2006 年版。
[22] 赵敦华:《西方哲学简史》,北京大学出版社 2001 年版。
[23] 杜国平:《真的历程——金岳霖理论体系研究》,中国社会科学出版社 2003 年版。
[24] 陈嘉映:《说理》,华夏出版社 2011 年版。
[25] 陈嘉映:《哲学科学常识》,东方出版社 2007 年版。

[26] 张志林:《因果观念与休谟问题》,中国人民大学出版社 2010 年版。
[27] 牟宗三:《牟宗三先生全集》18 卷《认识心之批判》、25 卷《牟宗三先生早期文集》,台湾联经出版公司 2003 年版。
[28] 冯友兰:《中国现代哲学史》,广州人民出版社 1999 年版。
[29] 彭孟尧:《人心难测——心与认知的哲学问题》,生活·读书·新知三联书店 2006 年版。
[30] 邵明:《金岳霖所与理论研究》,北京大学出版社 2012 年版。
[31] 张东荪:《认识论》,世界书局 1934 年版。
[32] 王夫之:《船山全书》第二册,岳麓书社 1996 年版。
[33] 康德著,邓晓芒译,杨祖陶校:《纯粹理性批判》,人民出版社 2004 年版。
[34] 罗素著,何兆武译:《哲学问题》,商务印书馆 2007 年版。
[35] 罗素著,贾可春译:《意义与真理的探究》,商务印书馆 2009 年版。
[36] 库恩著,金吾伦、胡新和译:《科学革命的结构》,北京大学出版社 2003 年版。
[37] 皮亚杰著,王宪钿译:《发生认识论原理》,商务印书馆 1997 年版。
[38] 石里克著,李步楼译:《普通认识论》,商务印书馆 2005 年版。
[39] 弗雷格著,王路译,王炳文校:《弗雷格哲学论著选辑》,商务印书馆 2006 年版。
[40] 哈贝马斯著,郭官义、李黎译:《认识与兴趣》,学林出版社 2002 年版。
[41] 波兰尼著,许泽民译:《个人知识》,贵州人民出版社 2000 年版。
[42] 奎因著,江天骥等译:《从逻辑的观点看》,上海译文出版社 1986 年版。
[43] 齐硕姆著,邹惟远、邹晓蕾译:《知识论》,生活·读书·新知三联书店 1988 年版。
[44] 赖尔著,徐大建译:《心的概念》,商务印书馆 2005 年版。
[45] 普特南著,童世骏、李光程译:《理性真理与历史》,上海译文出版社 2005 年版。
[46] 普特南著,冯艳译:《实在论的多副面孔》,中国人民大学出版社 2006 年版。
[47] 丘奇兰德著,张燕京译:《科学实在论与心灵的可塑性》,中国人民大学出版社 2008 年版。
[48] 麦克道威尔著,刘叶涛译:《心灵与世界》,中国人民大学出版社 2006 年版。
[49] 霍尔特编,伍仁益译,郑之骧校:《新实在论》,商务印书馆 1980 年版。
[50] 托马斯·里德著,李涤非译:《按常识原理探究人类心灵》,浙江大学出版社 2009 年版。
[51] 笛卡尔著,庞景仁译:《第一哲学沉思录》,商务印书馆 1998 年版。
[52] 洛克著,关文运译:《人类理解论》,商务印书馆 1997 年版。
[53] 休谟著,关文运译:《人性论》,商务印书馆 1997 年版。
[54] 休谟著,关文运译:《人类理解研究》,商务印书馆 2010 年版。
[55] 约翰·波洛克、乔·克拉兹,陈真译《当代知识论》,复旦大学出版社 2008 年版。
[56] 路易斯·P.波伊曼著,洪汉鼎译:《知识论导论——我们能知道什么》,中国人

民大学出版社 2008 年版。
[57] 罗蒂著,李幼蒸译:《哲学和自然之境》,商务印书馆 2006 年版。
[58] 维特根斯坦著,张金言译:《论确实性》,广西师范大学出版社 2002 年版。
[59] 维特根斯坦著,陈嘉映译:《哲学研究》,上海世纪出版集团 2005 年版。
[60] 丹西著,周文彰、何包钢译:《当代认识论导论》,中国人民大学出版社 1990 年版。
[61] 弗·卡里约著,戴念祖译,范岱年校:《物理学史》,广西师范大学出版社 2009 年版。
[62] 爱德文·阿瑟·伯特著,徐向东译:《近代物理科学的形而上学基础》,北京大学出版社 2004 年版。

图书在版编目(CIP)数据

知识与正觉 ：金岳霖知识论问题研究 / 苗磊著 .—
上海 ：上海社会科学院出版社，2020（2023.1重印）
ISBN 978 - 7 - 5520 - 3225 - 3

Ⅰ.①知… Ⅱ.①苗… Ⅲ.①金岳霖(1895—1984)
—知识论—研究 Ⅳ.①B261.5

中国版本图书馆 CIP 数据核字(2020)第 113553 号

知识与正觉——金岳霖知识论问题研究

著　　者：苗　磊
责任编辑：温　欣
封面设计：周清华
出版发行：上海社会科学院出版社
上海顺昌路 622 号　邮编 200025
电话总机 021 - 63315947　销售热线 021 - 53063735
http：//www.sassp.cn　E-mail：sassp@sassp.cn
照　　排：南京前锦排版服务有限公司
印　　刷：四川森林印务有限责任公司
开　　本：710 毫米×1010 毫米　1/16
印　　张：12.5
插　　页：2
字　　数：180 千字
版　　次：2020 年 8 月第 1 版　　2023 年 1 月第 2 次印刷

ISBN 978 - 7 - 5520 - 3225 - 3/B・283　　定价：65.00 元